nous, les mammifères

Roussette sur une branche

Wallaby de Bennett

Squelette de lièvre

Renard roux

Galago du Sénégal

Mérione transportant des matériaux pour son nid

Noisettes ouvertes par un loir

nous, les mammifères

par

Steve Parker

en association avec le British Museum
(Natural History Museum), Londres

Photographies originales de Jane Burton,
Colin Keats, Dave King et Kim Taylor

Pomme de pin rongée par un écureuil

Chimpanzé applaudissant

Hérisson sur le point de se dérouler

Chiots jouant

Empreinte de hérisson

Corne d'antilope

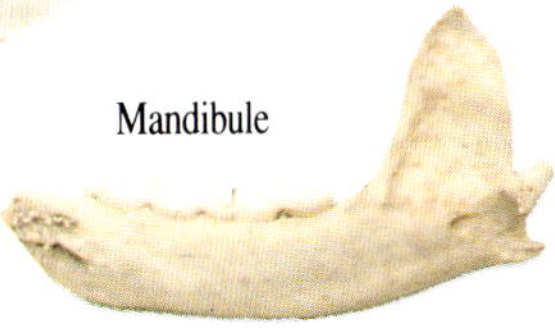

Mandibule

Chinchilla mangeant des noisettes

GALLIMARD

SOMMAIRE

Hamster doré portant son bébé

NOUS SOMMES TOUS DES MAMMIFÈRES 6

POUR COMPRENDRE, IL FAUT CATALOGUER 8

UNE CLASSE QUI A DÉJÀ 200 MILLIONS D'ANNÉES 12

ILS SONT SOUS L'EMPIRE DES SENS 16

IL N'Y A QUE LES CHAUVES-SOURIS POUR VOLER 18

MANTEAUX DE FOURRURE 20

ILS SE CAMOUFLENT POUR VIVRE HEUREUX 22

LE HÉRISSON A MIS DU PIQUANT DANS SA VIE 24

ILS PRÉFÈRENT LA DISSUASION 26

LA QUEUE A DE NOMBREUX USAGES 28

LES MARSUPIAUX NE NAISSENT PAS COMME TOUT LE MONDE 30

LES SOURIS MULTIPLIENT LES CADENCES 32

NEUF VIES TOUTES NEUVES 34

DES MAMELLES DÉCOULE LA SURVIE 36

LES MAMMIFÈRES SONT DES PARENTS POSSESSIFS 38

DES JEUX QUI APPRENNENT À GRANDIR 40

LES PETITS JOUENT AUX GRANDS 42

LA TOILETTE A TOUTES LES VERTUS 44

ILS PASSENT LEUR VIE À MANGER 48

LES DENTS QUI EN DISENT LONG 50

ILS STOCKENT POUR NE PAS DÉPÉRIR 52

CERTAINS MAMMIFÈRES NICHENT AUSSI 54

ILS SE TERRENT POUR SE REPOSER ET SE REPRODUIRE 56

DES DOIGTS PLEINS DE FANTAISIE 58

ON LES SUIT… AUX TRACES 60

DES INDICES POUR MIEUX FAIRE CONNAISSANCE 62

INDEX 64

NOUS SOMMES TOUS DES MAMMIFÈRES

L'espèce humaine n'est qu'une des 10 millions d'espèces animales, environ, qui existent dans le monde. Certains animaux nous mettent «bêtement» mal à l'aise – serpent inoffensif, escargot visqueux..., tandis que d'autres semblent faits pour nous attirer : galagos, bébés phoques, dauphins, chatons et koalas. Leur fourrure, leur chaleur, la manière dont les mères s'occupent de leurs petits nous attendrissent. En reconnaissant chez eux ces traits semblables aux nôtres, nous révélons notre appartenance au groupe des Mammifères. Car nous avons beau nous élever au-dessus de ces «cousins», nous n'en appartenons pas moins à l'une des quelque 4 000 espèces de mammifères de la planète. Trois caractéristiques les distinguent des autres vertébrés. Ils ont le plus souvent le corps couvert de fourrure ou de poils.

DES COUSINS SE TENDENT LA MAIN
Pour un œil non exercé, ce bébé de 15 mois et ce chimpanzé de 2 ans sont très différents. Pourtant, les chimpanzés sont sans doute nos plus proches «parents». Ils partagent 99 % de nos gènes. La structure de leur corps ressemble à la nôtre de façon saisissante. Leur comportement présente aussi beaucoup de traits «humains» : ils sont capables de résoudre certains problèmes, de «parler» par signes, de fabriquer des outils et de s'en servir. Plus notre connaissance augmente, plus il apparaît que les hommes ne sont pas si différents des autres mammifères qu'on le pensait autrefois.

Ce sont des animaux à sang chaud, des homéothermes : leur température interne, généralement plus élevée que celle de l'environnement, est constante et non influencée par le milieu ambiant. Ils peuvent donc rester actifs même par temps froid. Enfin, ils allaitent leur progéniture grâce à des organes particuliers, les glandes mammaires, qui sécrètent du lait. D'où le nom de Mammifères, donné à leur classe. Partons à la découverte de leur monde – apparence, structure du corps, évolution, reproduction, habitudes et comportements – et tâchons d'y voir un peu plus clair sur notre propre place parmi eux.

LES MAMMIFÈRES ET LES AUTRES
Il y a environ 4 000 espèces de mammifères. A cause du grand nombre d'espèces domestiques et des zoos, ils nous sont plus familiers que les autres. Il y a pourtant quelque 9 000 espèces d'oiseaux, 20 000 de poissons et 100 000 d'araignées et de scorpions. Et tout ceci est encore faible en regard du plus grand groupe animal, celui des insectes : au moins 1 million d'espèces, et peut-être 10 fois plus !

POUR LES COMPRENDRE, IL FAUT LES CATALOGUER

Il n'est pas nécessaire de connaître leurs noms scientifiques ni leurs origines pour apprécier la beauté des mammifères et s'en émerveiller. Mais pour mieux comprendre la structure de leur corps, leur comportement et leur évolution, il faut, comme dans toute discipline scientifique, un cadre d'étude rigoureux. Celui-ci est fourni par la taxinomie, science du regroupement et de la classification des formes vivantes. Chaque animal vivant possède en effet un nom scientifique reconnu dans le monde entier et dans toutes les langues. Cela évite les confusions, car les noms locaux ou vernaculaires varient selon les pays et même selon les régions d'un même pays. Chaque animal appartient à une espèce. Les espèces sont regroupées en genres, puis en familles, en ordres, en classes... Celle des Mammifères réunit tous les animaux mammifères. Les quatre pages suivantes présentent les crânes les plus caractéristiques des 20 principaux ordres de mammifères vivants, énumérant les types d'animaux qui relèvent de chacun. Les lignes colorées indiquent les relations évolutives probables.

Un mâle et une femelle de chaque espèce mammifère furent embarqués à bord de l'Arche de Noé.

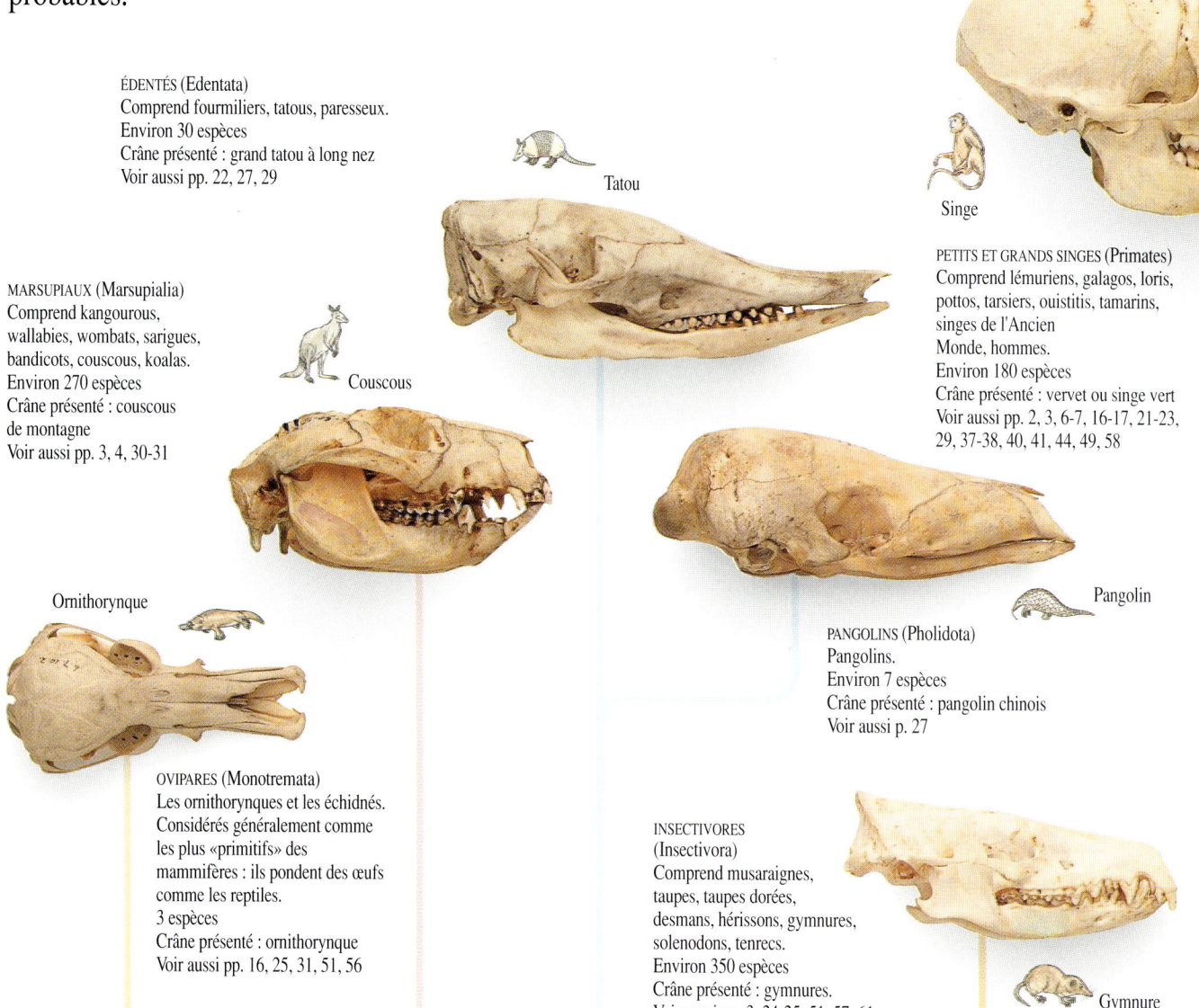

ÉDENTÉS (Edentata)
Comprend fourmiliers, tatous, paresseux.
Environ 30 espèces
Crâne présenté : grand tatou à long nez
Voir aussi pp. 22, 27, 29

Tatou

Singe

PETITS ET GRANDS SINGES (Primates)
Comprend lémuriens, galagos, loris, pottos, tarsiers, ouistitis, tamarins, singes de l'Ancien Monde, hommes.
Environ 180 espèces
Crâne présenté : vervet ou singe vert
Voir aussi pp. 2, 3, 6-7, 16-17, 21-23, 29, 37-38, 40, 41, 44, 49, 58

MARSUPIAUX (Marsupialia)
Comprend kangourous, wallabies, wombats, sarigues, bandicots, couscous, koalas.
Environ 270 espèces
Crâne présenté : couscous de montagne
Voir aussi pp. 3, 4, 30-31

Couscous

Ornithorynque

Pangolin

PANGOLINS (Pholidota)
Pangolins.
Environ 7 espèces
Crâne présenté : pangolin chinois
Voir aussi p. 27

OVIPARES (Monotremata)
Les ornithorynques et les échidnés. Considérés généralement comme les plus «primitifs» des mammifères : ils pondent des œufs comme les reptiles.
3 espèces
Crâne présenté : ornithorynque
Voir aussi pp. 16, 25, 31, 51, 56

INSECTIVORES (Insectivora)
Comprend musaraignes, taupes, taupes dorées, desmans, hérissons, gymnures, solenodons, tenrecs.
Environ 350 espèces
Crâne présenté : gymnures.
Voir aussi pp. 3, 24-25, 51, 57, 61

Gymnure

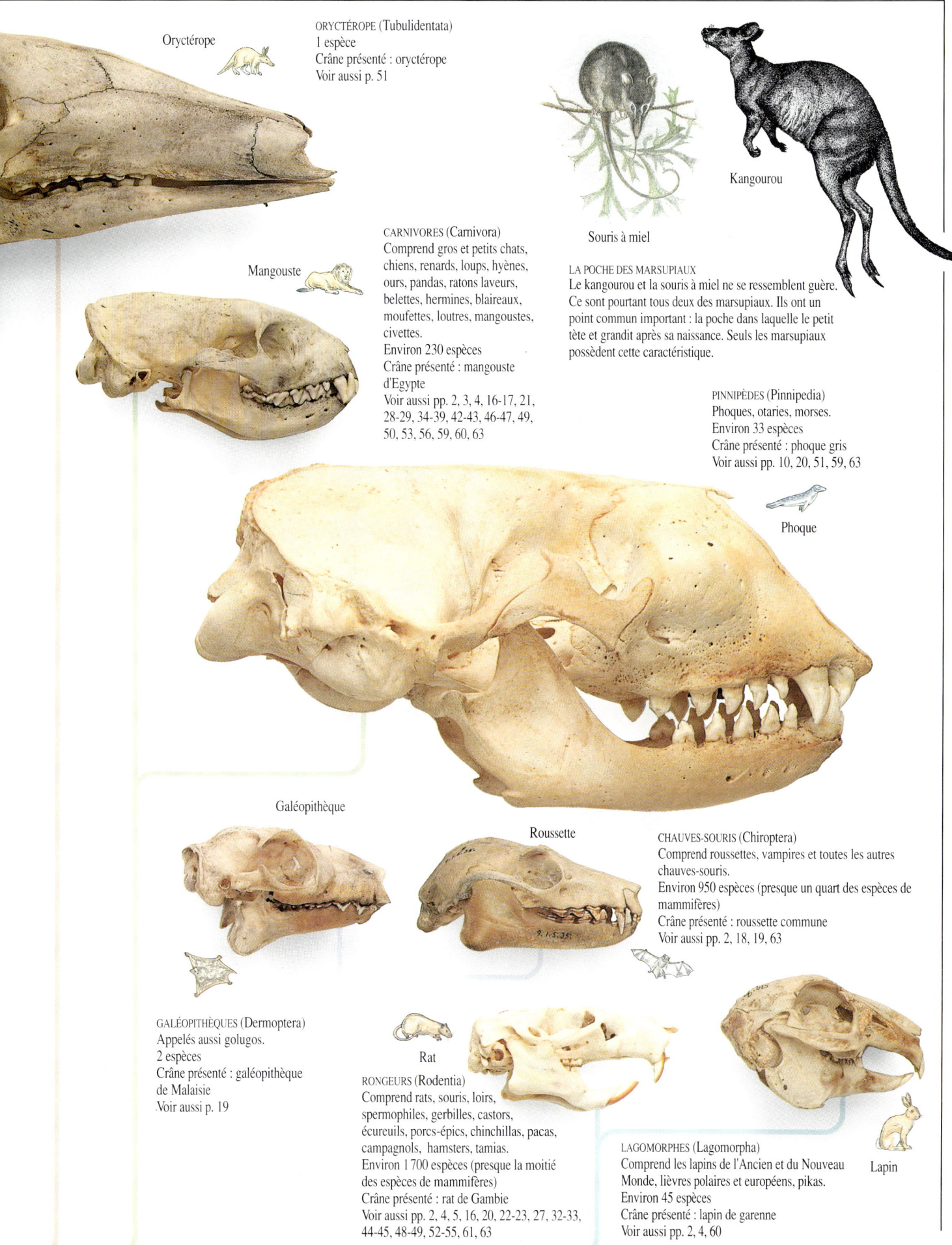

Oryctérope

ORYCTÉROPE (Tubulidentata)
1 espèce
Crâne présenté : oryctérope
Voir aussi p. 51

Kangourou

Souris à miel

Mangouste

CARNIVORES (Carnivora)
Comprend gros et petits chats, chiens, renards, loups, hyènes, ours, pandas, ratons laveurs, belettes, hermines, blaireaux, moufettes, loutres, mangoustes, civettes.
Environ 230 espèces
Crâne présenté : mangouste d'Egypte
Voir aussi pp. 2, 3, 4, 16-17, 21, 28-29, 34-39, 42-43, 46-47, 49, 50, 53, 56, 59, 60, 63

LA POCHE DES MARSUPIAUX
Le kangourou et la souris à miel ne se ressemblent guère. Ce sont pourtant tous deux des marsupiaux. Ils ont un point commun important : la poche dans laquelle le petit tète et grandit après sa naissance. Seuls les marsupiaux possèdent cette caractéristique.

PINNIPÈDES (Pinnipedia)
Phoques, otaries, morses.
Environ 33 espèces
Crâne présenté : phoque gris
Voir aussi pp. 10, 20, 51, 59, 63

Phoque

Galéopithèque

Roussette

CHAUVES-SOURIS (Chiroptera)
Comprend roussettes, vampires et toutes les autres chauves-souris.
Environ 950 espèces (presque un quart des espèces de mammifères)
Crâne présenté : roussette commune
Voir aussi pp. 2, 18, 19, 63

GALÉOPITHÈQUES (Dermoptera)
Appelés aussi golugos.
2 espèces
Crâne présenté : galéopithèque de Malaisie
Voir aussi p. 19

Rat

RONGEURS (Rodentia)
Comprend rats, souris, loirs, spermophiles, gerbilles, castors, écureuils, porcs-épics, chinchillas, pacas, campagnols, hamsters, tamias.
Environ 1 700 espèces (presque la moitié des espèces de mammifères)
Crâne présenté : rat de Gambie
Voir aussi pp. 2, 4, 5, 16, 20, 22-23, 27, 32-33, 44-45, 48-49, 52-55, 61, 63

LAGOMORPHES (Lagomorpha)
Comprend les lapins de l'Ancien et du Nouveau Monde, lièvres polaires et européens, pikas.
Environ 45 espèces
Crâne présenté : lapin de garenne
Voir aussi pp. 2, 4, 60

Lapin

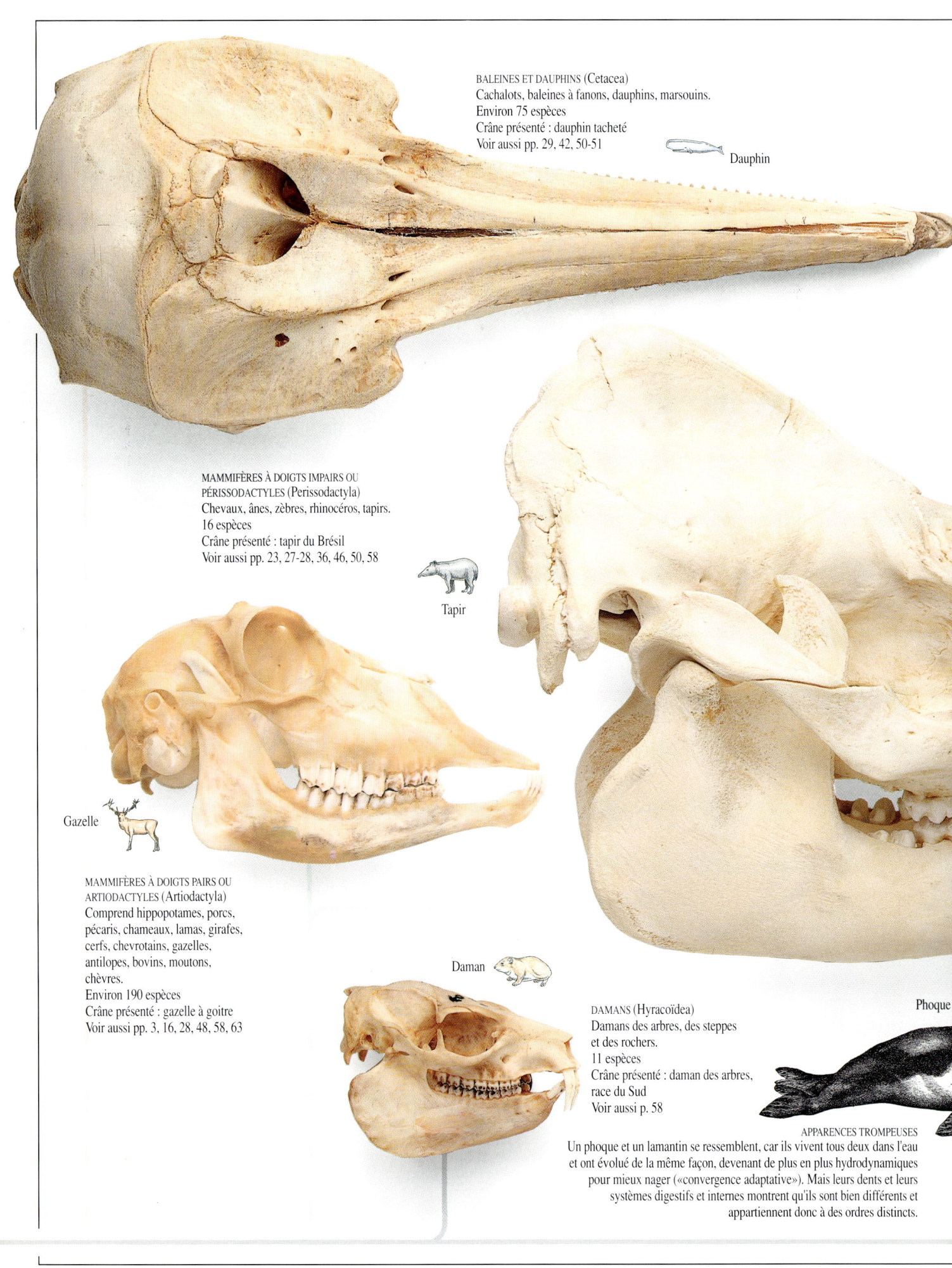

BALEINES ET DAUPHINS (Cetacea)
Cachalots, baleines à fanons, dauphins, marsouins.
Environ 75 espèces
Crâne présenté : dauphin tacheté
Voir aussi pp. 29, 42, 50-51

Dauphin

MAMMIFÈRES À DOIGTS IMPAIRS OU
PÉRISSODACTYLES (Perissodactyla)
Chevaux, ânes, zèbres, rhinocéros, tapirs.
16 espèces
Crâne présenté : tapir du Brésil
Voir aussi pp. 23, 27-28, 36, 46, 50, 58

Tapir

Gazelle

MAMMIFÈRES À DOIGTS PAIRS OU
ARTIODACTYLES (Artiodactyla)
Comprend hippopotames, porcs,
pécaris, chameaux, lamas, girafes,
cerfs, chevrotains, gazelles,
antilopes, bovins, moutons,
chèvres.
Environ 190 espèces
Crâne présenté : gazelle à goitre
Voir aussi pp. 3, 16, 28, 48, 58, 63

Daman

DAMANS (Hyracoïdea)
Damans des arbres, des steppes
et des rochers.
11 espèces
Crâne présenté : daman des arbres,
race du Sud
Voir aussi p. 58

Phoque

APPARENCES TROMPEUSES
Un phoque et un lamantin se ressemblent, car ils vivent tous deux dans l'eau
et ont évolué de la même façon, devenant de plus en plus hydrodynamiques
pour mieux nager («convergence adaptative»). Mais leurs dents et leurs
systèmes digestifs et internes montrent qu'ils sont bien différents et
appartiennent donc à des ordres distincts.

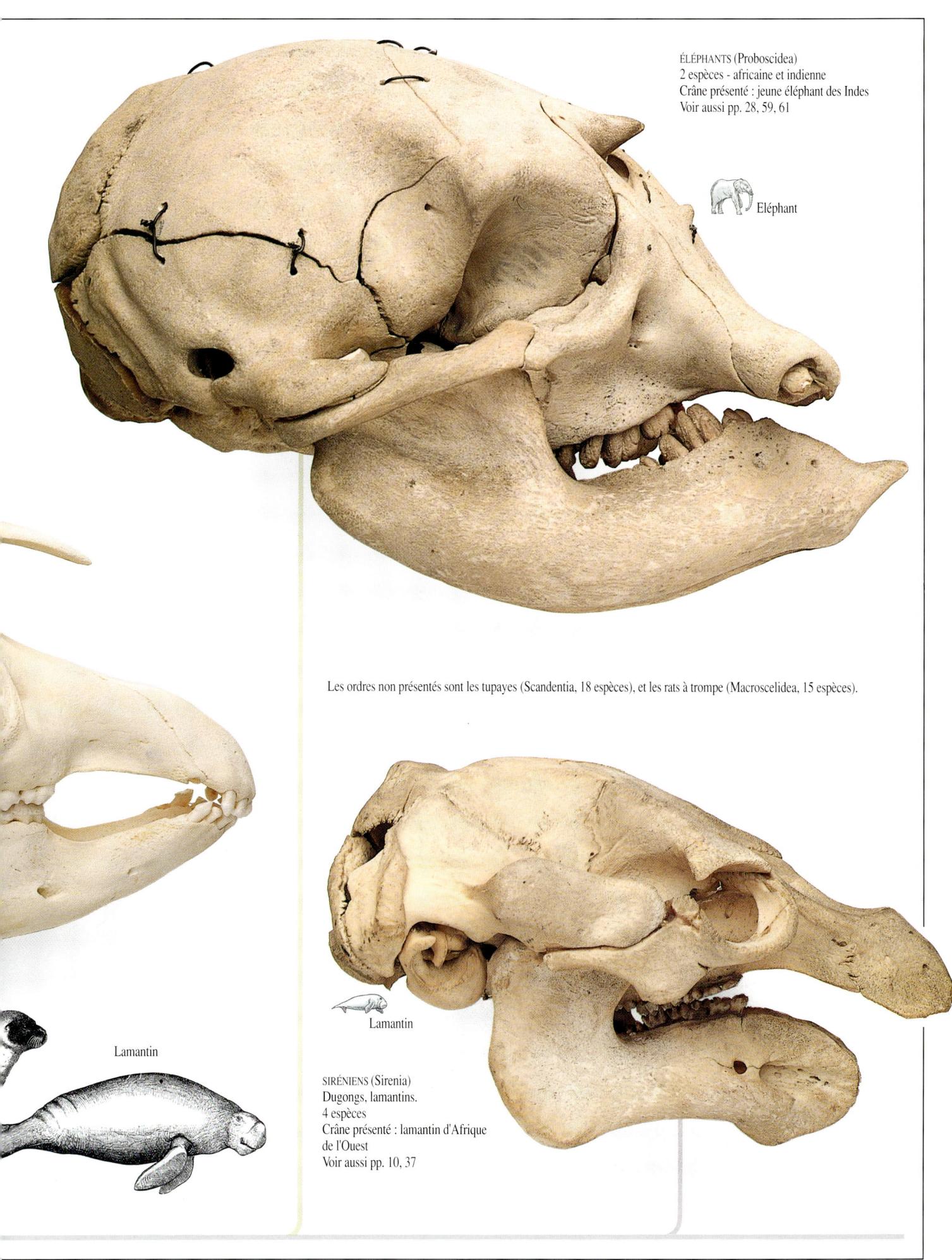

ÉLÉPHANTS (Proboscidea)
2 espèces - africaine et indienne
Crâne présenté : jeune éléphant des Indes
Voir aussi pp. 28, 59, 61

Eléphant

Les ordres non présentés sont les tupayes (Scandentia, 18 espèces), et les rats à trompe (Macroscelidea, 15 espèces).

Lamantin

Lamantin

SIRÉNIENS (Sirenia)
Dugongs, lamantins.
4 espèces
Crâne présenté : lamantin d'Afrique de l'Ouest
Voir aussi pp. 10, 37

11

UNE CLASSE QUI A DÉJÀ 200 MILLIONS D'ANNÉES

Des fossiles découverts dans les roches sédimentaires permettent de l'affirmer : l'apparition des mammifères sur la scène de l'évolution remonte à 200 millions d'années environ. À cette époque, les dinosaures dominaient la vie terrestre (dans les airs, c'était les ptérosaures, et dans les mers les ichtyosaures). Certains éléments caractéristiques – sang chaud, fourrure et lait – ne se fossilisent pas. Aussi faut-il chercher d'autres éléments déterminants de l'appartenance à notre classe : le type particulier de mâchoire (un seul os par mandibule inférieure, à la différence des reptiles qui en ont plusieurs), par exemple, ou les petits os de la cavité de l'oreille moyenne. Les premiers mammifères furent probablement de petites créatures nocturnes proches des musaraignes et se nourrissant d'insectes et d'œufs de dinosaures. Lorsque ceux-ci se sont éteints, il y a quelque 65 millions d'années, les mammifères ont pris leur place.

Le premier rhinocéros ?

Crâne vu du dessus

Mandibule

L'ANCÊTRE REPTILE
Les cynodontes étaient des «reptiles mammaliens» du Trias, la période géologique la plus reculée de l'Ere secondaire. A la différence des reptiles, leurs dents n'étaient pas toutes identiques mais adaptées à tel ou tel type de mastication. C'est encore une des caractéristiques des mammifères, même si, au cours de l'évolution, certains, comme les dauphins, ont à nouveau sélectionné des dents uniformes convenant à leur alimentation (p. 51).
Espèce présentée : *Thrinaxodon liorhinus* (Afrique du Sud)

LE TRICONODONTE
Cette mandibule, trouvée en Angleterre dans des roches datant du Jurassique moyen, appartenait à l'un des premiers mammifères, le triconodonte, un prédateur dont la taille variait de celle du rat à celle du chat. Espèce présentée : *Phascolotherium bucklandi* (Oxfordshire, Royaume-Uni)

Mandibule incluse dans la roche

LE DÉCOR
C'est dans un paysage de ce genre, parmi les poissons, les insectes, les reptiles et les fougères géantes, que les ancêtres des mammifères sont apparus voilà 200 millions d'années.

Mâchoire supérieure

Mandibule

DES LIGNÉES QUI S'ÉTEIGNENT
Libérés de la domination des dinosaures, les mammifères ont évolué rapidement au cours du Paléocène et de l'Eocène, «essayant» des formes nouvelles. Certaines, comme celle-ci, ancêtre du cheval de la période éocène, ont disparu. Mais des formes approchantes ont perduré.
Espèce présentée : *Hyracotherium vulpiceps* (Essex, Royaume-Uni)

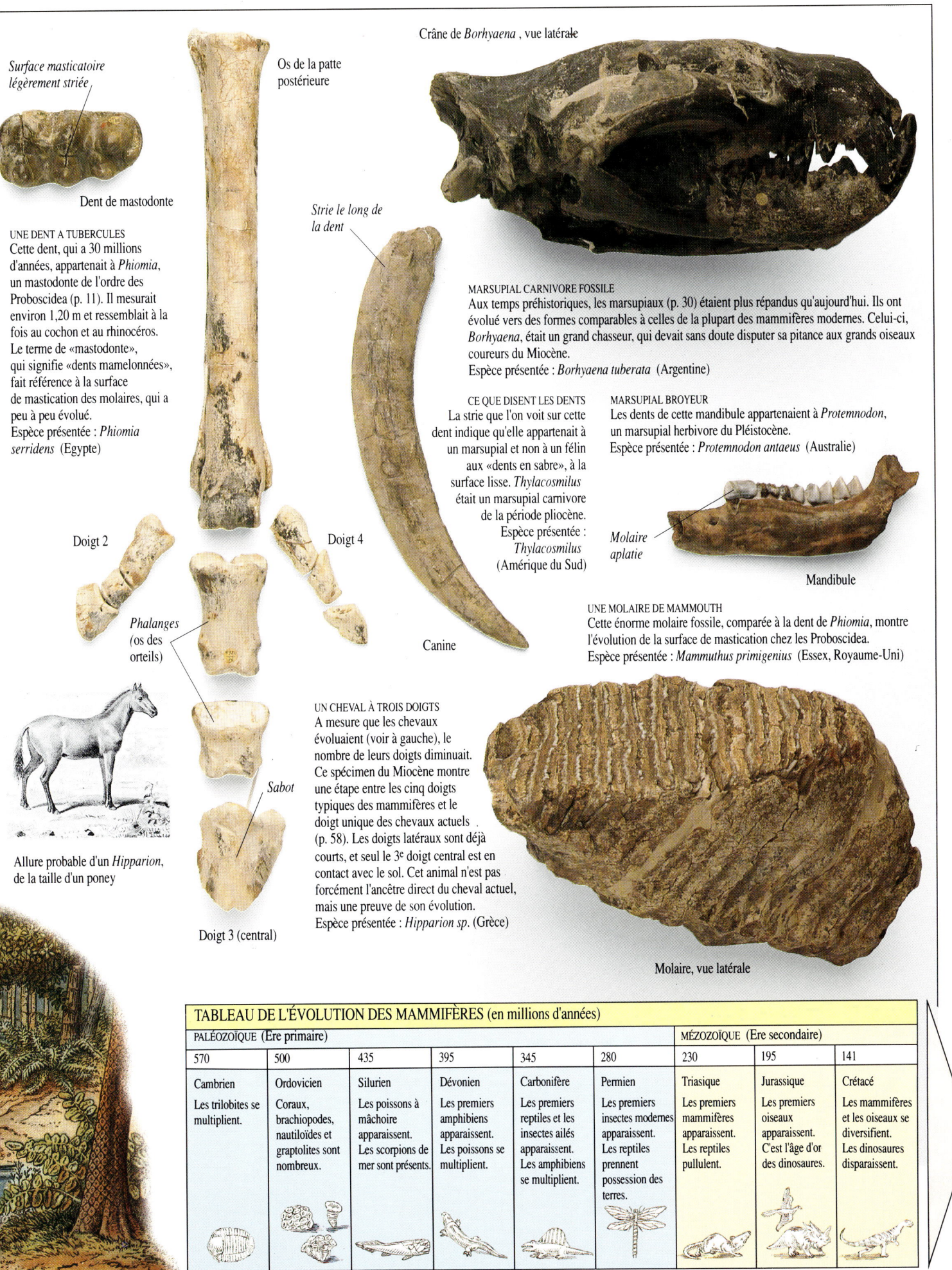

LES MAMMIFÈRES ONT BIEN ÉVOLUÉ

Les mammifères n'ont pas cessé d'évoluer et de se diversifier. Plus des trois quarts des espèces du Pliocène étaient des placentaires apparentés à des groupes existants encore aujourd'hui. Les marsupiaux étaient prédominants en Australie et en Amérique du Sud, continent alors isolé. Lorsque, il y a 2 millions d'années, sous l'effet de la dérive des continents, l'Amérique du Sud s'est soudée à l'Amérique du Nord, les placentaires se sont répandus sur cette nouvelle terre, entraînant la quasi-disparition des marsupiaux, moins bien adaptés. En revanche, il en reste une grande variété en Australie, territoire à l'abri, par son isolement, du peuplement placentaire.

Paresseux géant mesurant plus de 4 m (Pléistocène)

Canine (p. 50)   *Dent carnassière (p. 51)*

Mandibule de *Machairodus*

DENTS «EN SABRE»
Cette mandibule appartient à un félin aux «dents en sabre» (dans la mâchoire supérieure) du Miocène. Les points d'ancrage de muscles puissants sur les régions faciale et cervicale indiquent qu'il pouvait ouvrir largement la gueule et blesser à mort ses proies.
Espèce présentée : *Machairodus aphanistus* (Grèce)

Mâchoire de *Dorudon*

Dents dentelées

DENT EN DENTELLE
Dans les eaux comme sur terre, de nouvelles espèce se développent tandis que d'autres disparaissent. Voici la mâchoire d'une baleine de l'Éocène dont l'espèce est éteinte. Ses dents sont dentelées pour attraper des proies glissantes.
Espèce présentée : *Dorudon osiris* (Egypte)

RHINOCÉROS DE LA PÉRIODE GLACIAIRE
Une molaire supérieure d'un rhinocéros laineux du Pléistocène montre comment les replis d'émail et de dentine (p. 50) étaient abrasés par la mastication.
Espèce présentée : *Cœlodonta antiquitatis* (Devon, Royaume-Uni)

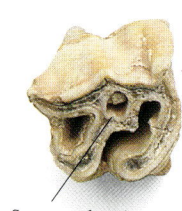

Structure dentaire bien développée

GIRAFE D'ANTAN
Au Pléistocène, *Sivatherium* était un «cousin» des girafes, mais aux pattes et au cou plus courts, et avec des cornes plus longues.
Espèce présentée : *Sivatherium maurusium* (Tanzanie)

Reconstitution de *Sivatherium*, montrant les andouillers, derrière les «cônes» osseux frontaux

Andouiller de *Sivatherium*

COMMENT MARCHAIT-IL?
Ceci est l'«ongle» de *Chalicotherium*, un étrange mammifère de l'époque miocène aujourd'hui disparu, proche des rhinocéros et des chevaux. Ses pattes avant étaient beaucoup plus longues que ses pattes de derrière et peut-être marchait-il comme les gorilles, sur les jointures.
Espèce présentée : *Chalicotherium rusingense* (Kenya)

Crâne de *Plesiaddax*, vue latérale

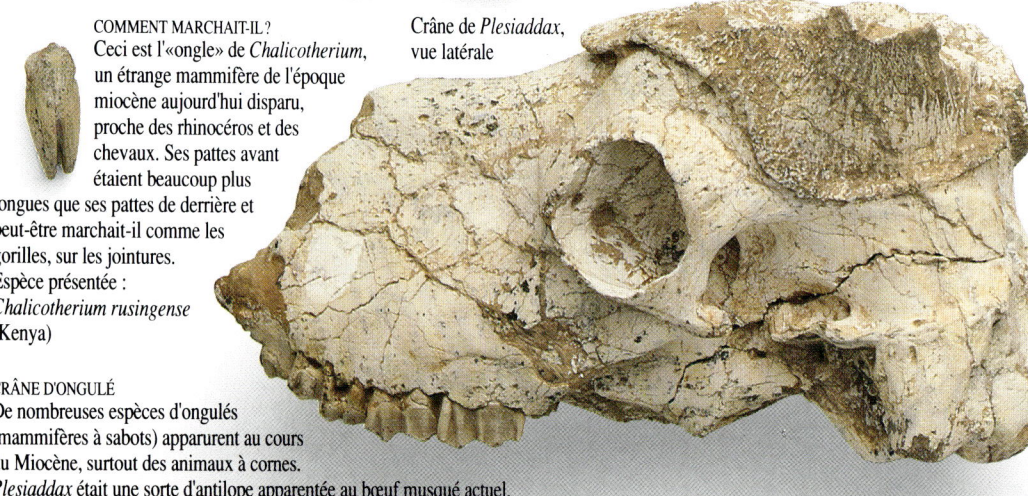

CRÂNE D'ONGULÉ
De nombreuses espèces d'ongulés (mammifères à sabots) apparurent au cours du Miocène, surtout des animaux à cornes. *Plesiaddax* était une sorte d'antilope apparentée au bœuf musqué actuel.
Espèce présentée : *Plesiaddax deperiti* (Chine)

CÉNOZOÏQUE (Ere tertiaire)					QUATERNAIRE	
66	55	37,5	24	5	1,7	0,01
Paléocène Les mammifères se diversifient rapidement mais sont encore différents de ceux d'aujourd'hui.	Éocène Les premiers primates et les chauves-souris apparaissent. Puis les premiers ancêtres des chevaux.	Oligocène Apparition des premiers mastodontes et de nombreux ancêtres du rhinocéros.	Miocène Les singes ont fait leur apparition. De nouveaux mammifères herbivores se multiplient.	Pliocène Évolution des premiers humains.	Pléistocène Les mammifères de la période glaciaire prolifèrent.	Holocène Les mammifères modernes sont apparus. Les hommes s'installent sur tous les continents.

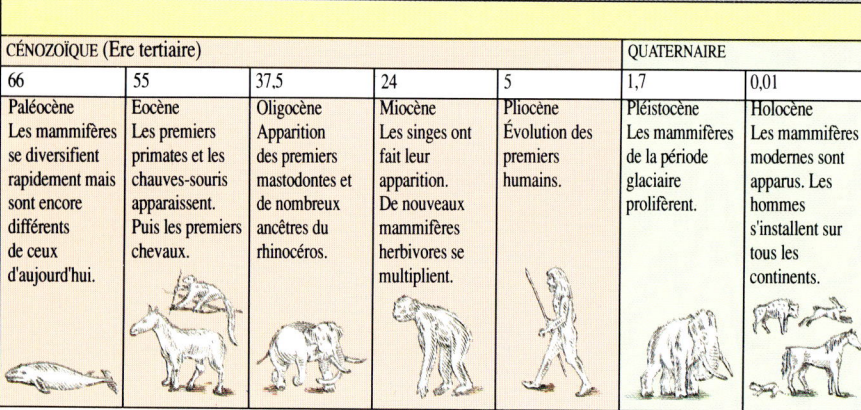

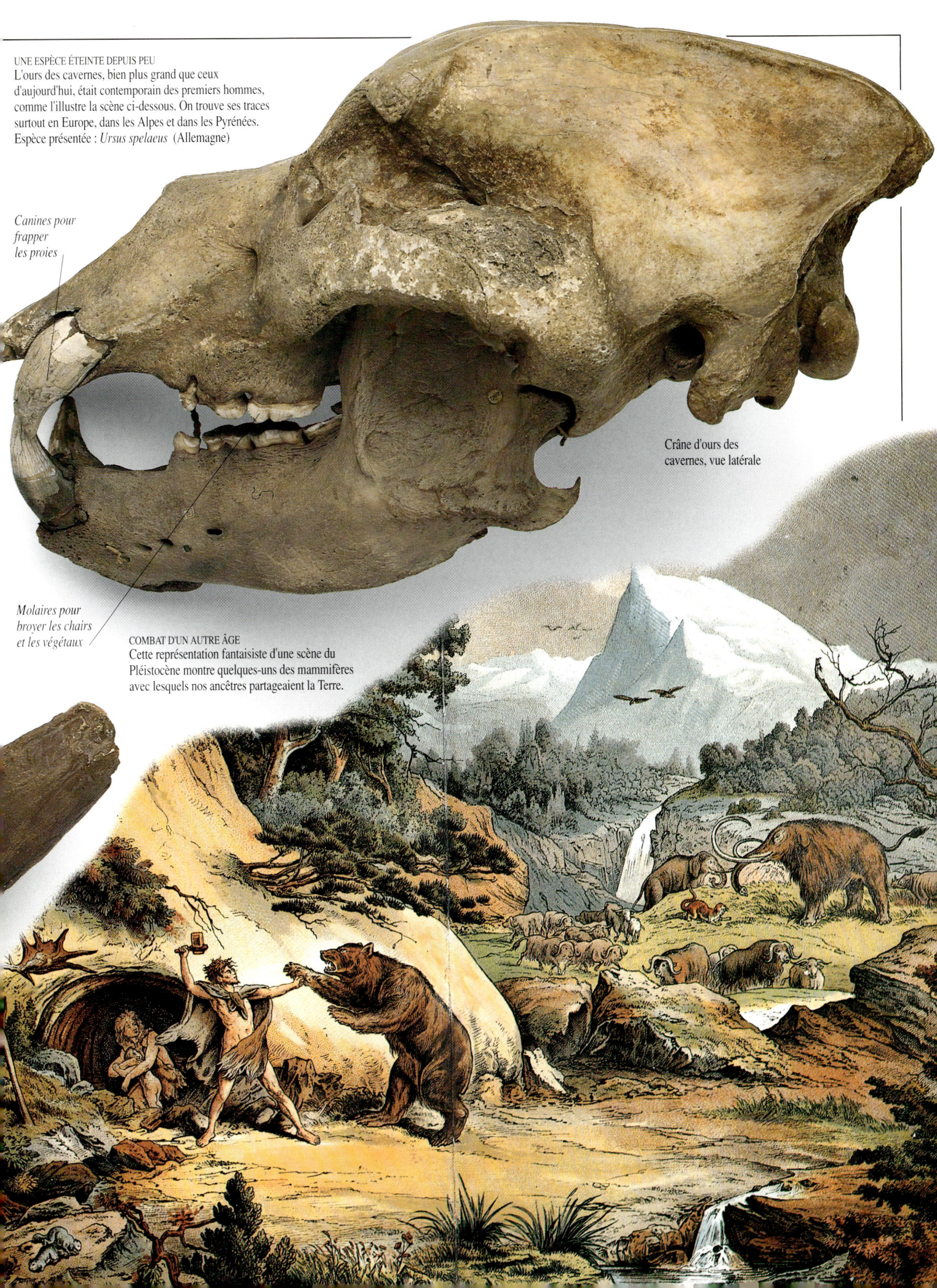

UNE ESPÈCE ÉTEINTE DEPUIS PEU
L'ours des cavernes, bien plus grand que ceux d'aujourd'hui, était contemporain des premiers hommes, comme l'illustre la scène ci-dessous. On trouve ses traces surtout en Europe, dans les Alpes et dans les Pyrénées.
Espèce présentée : *Ursus spelaeus* (Allemagne)

Canines pour frapper les proies

Crâne d'ours des cavernes, vue latérale

Molaires pour broyer les chairs et les végétaux

COMBAT D'UN AUTRE ÂGE
Cette représentation fantaisiste d'une scène du Pléistocène montre quelques-uns des mammifères avec lesquels nos ancêtres partageaient la Terre.

ILS SONT SOUS L'EMPIRE DES SENS

La «réussite» des mammifères tient beaucoup à leurs «bons sens» : chez eux, la vue, l'ouïe, l'odorat, le goût et le toucher sont plutôt bien développés. Chaque sens s'est progressivement adapté au mode de vie de son propriétaire. La taupe (p. 56), qui vit sous terre, n'a pas une bonne vue : cela ne lui serait guère utile. En revanche, son museau extrêmement sensible combine odorat et toucher pour trouver des vers de terre, sa nourriture principale, dans les galeries qu'elle creuse. Nous autres humains sommes dépendants de notre vue. Selon certaines études, les quatre cinquièmes de ce que notre cerveau «sait» passent par ce sens. Il nous est donc difficile d'imaginer la perception du monde – faite de parfums et d'odeurs – d'un mammifère pourvu d'un bon odorat. Ou encore, de nous représenter comment une chauve-souris «entend» son environnement par l'écho de ses petits cris aigus (p. 19). Mais cette vue dont nous dépendons n'a rien de prodigieux, comparée à celle d'autres mammifères, notamment certains écureuils, qui ont des yeux vraiment perçants. Une consolation, pourtant : l'ordre des Primates, hommes et galagos compris, est un des rares groupes de mammifères à avoir une vision en couleurs. La plupart des autres voient le monde en noir et blanc.

LES MOUSTACHES OU VIBRISSES
Ce sont des poils plus longs que les autres, reliés à des cellules sensorielles de la peau capables de détecter tous les mouvements. La plupart des moustaches sont sur la face mais certains mammifères en ont sur les pattes, les pieds ou le dos.

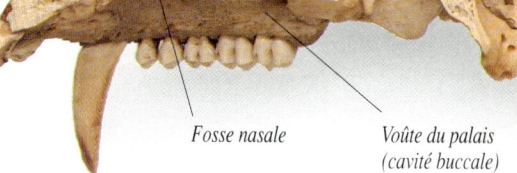

Orbite (cavité de l'œil)

Cavité du cerveau

Longue queue touffue

Fosse nasale

Voûte du palais (cavité buccale)

UNE TÊTE BIEN PLEINE
Ce crâne de babouin en coupe montre comment les principaux sens d'un mammifère sont concentrés dans la tête. Les cavités osseuses protègent le cerveau, les yeux, les organes de l'odorat et la langue, organe du goût. Le cerveau est gros, proportionnellement au corps, car c'est lui qui enregistre la masse des informations que lui envoie celui-ci.

LES OREILLES DRESSÉES
De nombreux mammifères, dont les chiens, ont l'ouïe fine et peuvent diriger leurs oreilles en direction du son pour mieux localiser sa provenance.

CHASSE AU TOUCHER
Avec son bec extrêmement sensible, l'ornithorynque fouille rivières et ruisseaux pour trouver sa nourriture : vers de vase, insectes et écrevisses.

LE MONDE DES ODEURS
Un porc au nez «entraîné» trouve l'emplacement des truffes qui seront déterrées par son propriétaire et vendues cher aux gourmets.

UNE LANGUE AUX MULTIPLES USAGES
Ce lion apprécie la nourriture avec son odorat et sa langue. Mais celle-ci n'est pas seulement l'organe du goût. Elle a d'autres fonctions : par exemple, en se léchant les babines, un mammifère se débarbouille (pp. 44-47).

UNE BOUILLE ATTENDRISSANTE
Le galago est tout yeux, tout oreilles. Ce timide primate (p. 8) nocturne a des yeux énormes grâce auxquels, dans l'obscurité de la forêt, il peut localiser ses proies et bondir de branche en branche pour échapper à ses prédateurs. Ses oreilles pivotantes le rendent particulièrement habile à la chasse aux petits insectes volants : agrippé par les pattes arrière, il étend son corps et ses pattes avant pour attraper les insectes qui passent à sa portée. Le nom anglais du galago, «bushbaby» (bébé de brousse), est peut-être dû à un de ses cris, qui ressemble à s'y tromper à celui d'un bébé. Ou bien, tout simplement, à sa bouille attendrissante...

Yeux énormes pour bien apprécier les distances dans l'obscurité

Oreilles sensibles pour détecter les insectes volants

Galago du Sénégal

DES YEUX VAIRONS
Ce chat blanc a des yeux étranges : un jaune et un bleu. Photographié de nuit et au flash, l'œil jaune renvoie du vert à partir d'une couche brillante du fond de l'œil. L'œil bleu est dépourvu de cette couche et les vaisseaux sanguins luisent rouge.

Doigts longs munis d'ongles plats pour s'agripper aux branches

17

Pied à cinq griffes pour se suspendre aux branches

Absence de queue (certaines espèces en ont une)

Membrane caudale

Membrane alaire (patagium)

Vue excellente

Odorat aiguisé

Fourrure typique des mammifères

Collier de couleur claire autour du cou

Bras

Avant-bras tendu pendant le vol

Les vaisseaux sanguins sont visibles à travers la membrane alaire.

FOURRURE VOLANTE ET GLOUTONNE
Cette chauve-souris frugivore mâle de Bornéo a une tête de renard. C'est pourquoi certaines sont surnommées «renards volants». Elles ont tendance à se servir de leur vue et de leur odorat développés plutôt que de l'écholocation. Au crépuscule, elles quittent leurs perchoirs pour se nourrir. Elles peuvent faire des ravages dans les récoltes, mais elles occupent cependant une place essentielle dans l'écologie locale en transportant le pollen de plante en plante au cours de leurs déplacements, et en disséminant les graines dans leurs déjections. Toutes les espèces ne mangent pas les fruits entiers. Certaines les prennent en bouche, les mordent, les sucent et n'en avalent que le jus, avant de recracher les restes mâchouillés. Il vaut mieux ne pas se trouver au-dessous à ce moment : une colonie de chauve-souris en train de se restaurer fait un bruit de tous les diables, crache des noyaux et fait pleuvoir force déjections.

IL N'Y A QUE LES CHAUVES-SOURIS POUR VOLER

Si de nombreux mammifères bondissent, sautent, nagent ou plongent, seules les chauves-souris volent. Elles constituent le deuxième groupe de mammifères en nombre d'espèces (p. 9). Leur taille varie énormément, de la toute petite chauve-souris à nez de porc, qui mesure 14 cm d'envergure, aux roussettes qui, ailes déployées, atteignent 2 m de large et ont un corps gros comme celui d'un petit chien. Les ailes, uniques dans le monde mammifère, sont constituées de fines couches de muscles et de fibres élastiques couvertes de peau. Les os du bras, ainsi que les doigts, du deuxième au cinquième, les sous-tendent. Le pouce (premier doigt) a une griffe qui sert à ramper, à faire sa toilette et, chez certaines espèces, à se battre et à tenir la nourriture. Les muscles qui actionnent les ailes sont très puissants : certaines chauves-souris peuvent voler à plus de 50 km/h. Elles font partie des mammifères qui vivent en groupes importants. On les trouve perchées par milliers dans des grottes ou autres lieux propices. Certaines chassent en groupes, la nuit. A la saison des amours, mâles et femelles s'appellent mutuellement. Les petits, couleur rose bonbon, se pressent nombreux sur des perchoirs «nurseries» et poussent des cris stridents lorsque leurs mères rentrent de la chasse.

Pégase, cheval ailé de légende

Premier doigt (pouce griffu)
Deuxième doigt
Troisième doigt
Quatrième doigt
Cinquième doigt

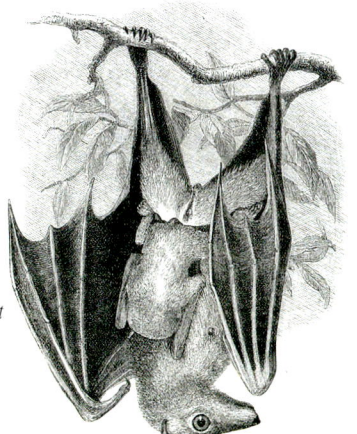

EN PARACHUTE *à droite*
Les chauves-souris sont les seuls mammifères capables de voler, mais il y en a d'autres, tels les galéopithèques ou certaines espèces de phalangers (marsupiaux) qui planent grâce à un *patagium* utilisé comme un parachute plutôt que comme des ailes.

BÉBÉ TÊTE *à gauche*
Accrochés à la fourrure abdominale de leur mère, les bébés chauves-souris tètent comme les autres mammifères.

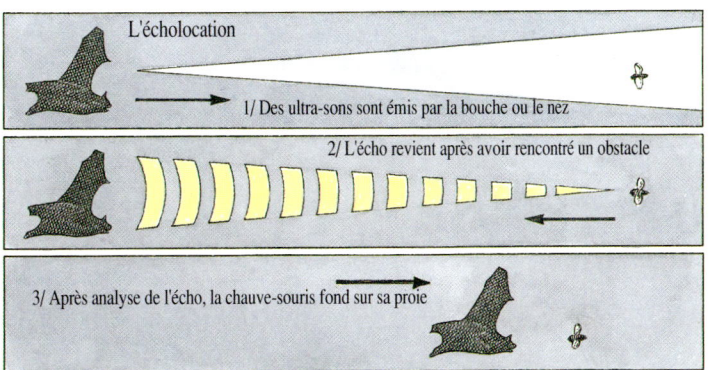

L'écholocation
1/ Des ultra-sons sont émis par la bouche ou le nez
2/ L'écho revient après avoir rencontré un obstacle
3/ Après analyse de l'écho, la chauve-souris fond sur sa proie

«VOIR» AVEC LES OREILLES
La chauve-souris entend dans l'obscurité par un système d'écholocation. Sa bouche émet des cris perçants (1). Les ondes sonores sont réfléchies par le premier obstacle qu'elles rencontrent et reviennent en écho aux oreilles de l'animal (2) avant d'être évaluées, transformées en «images sonores» par le cerveau. La chauve-souris fonce alors sur le papillon de nuit localisé (3).

DES PAPILLONS, DES FRUITS ET DU SANG
La plupart des chauves-souris sont insectivores et se nourrissent de papillons, de moucherons, mouches, etc. Les frugivores mangent des fruits, des bourgeons et les parties tendres des plantes. Les vampires, eux, boivent du sang.

DRÔLES DE TÊTES
Les différentes têtes de chauve-souris sont parmi les plus intéressantes de la classe des Mammifères.

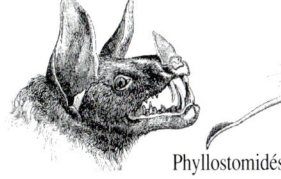

Rhinolophe

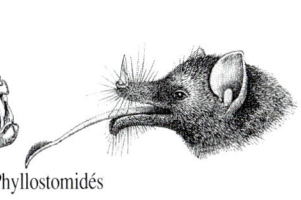

Phyllostomidés

MANTEAUX DE FOURRURE

Fourrure, moustaches, laine, piquants, épines et même corne… Tous ces manteaux sont en poil, une des marques de fabrique des mammifères. Leur survie tient d'ailleurs beaucoup à ces protections. Le rôle essentiel des poils est de retenir l'air, de protéger du froid, du chaud, du vent, de la pluie, et donc d'isoler le corps de l'environnement. Ils poussent dans des petits trous de la peau, les follicules et sont constitués de cellules amalgamées et durcies par la kératine, une protéine fibreuse qui donne aussi à l'épiderme sa solidité. Tous les mammifères n'ont pas de poils. Les baleines, par exemple, ont perdu les leurs au cours de l'évolution.

Toutes les fourrures présentées ici proviennent de collections muséologiques. Aucun animal n'a été sacrifié pour la réalisation de cet ouvrage.

Fourrure de phoque

Pelage moucheté

MANTEAU ESQUIMAU
La peau du phoque contient de nombreuses glandes sébacées qui rendent la fourrure grasse et hydrofuge. Sous cette fourrure se trouve une couche de lard, comme chez les baleines. Les populations des régions polaires comme les Inuits (ci-dessous) chassent les phoques pour leur viande et pour leur peau, dont ils se font des bottes et des vêtements.

LE PRÉCIEUX LARD DES BALEINES
Les baleines n'ont pas de fourrure pour s'isoler du froid des océans. Ce rôle revient au lard, une couche de tissu adipeux sous-cutané qui donne aussi à l'animal sa forme hydrodynamique, adaptée à la nage. Cette substance atteint parfois 50 cm d'épaisseur. Naguère transformée en «huile de baleine», elle a fait brûler des millions de lampes et servi à fabriquer des lubrifiants, des savons, des cosmétiques, de la margarine et de la peinture.

Lard vu en coupe

- Epiderme
- Derme
- Lard
- Tissu conjonctif
- Fascia
- Muscles

LA LAINE SUR LE DOS
Depuis des siècles, les moutons sont élevés pour leur fourrure : la laine. Isolante, absorbante et moelleuse, elle se teint facilement. Plus de la moitié de la production mondiale de laine vient de l'hémisphère Sud ; les trois quarts sont utilisés dans l'hémisphère Nord.

Laine filée et teinte, prête à être tissée ou tricotée

La laine contient de la lanoline (littéralement «huile de laine»), utilisée en cosmétologie.

Inuit (ou Esquimau) portant un capuchon en peau de phoque

FOURRURE DE NEIGE
Le renard arctique arbore un beau manteau d'hiver tout blanc, pour se confondre avec le paysage enneigé. La couleur du renard bleu, elle, va du gris au brun en hiver.

OPOSSUM AMÉRICAIN...
L'opossum nord-américain a une fourrure plutôt hérissée, contrairement à son cousin marsupial australien (à droite). Les jarres, longs et légers, émergeant de la bourre, sont bien visibles.

... ET OPOSSUM AUSTRALIEN
Les poils de l'opossum australien sont plutôt frisés ou crépus. L'opossum commun, ou à queue en brosse, est une espèce arboricole de la taille d'un chat. Le nom de «gris-argent» qu'on lui donne dans certains pays tient à la couleur de sa fourrure.

Fourrure d'opossum américain

Bourre
Jarres

Fourrure d'opossum australien

Poils frisés

Version polaire de la fourrure du renard arctique

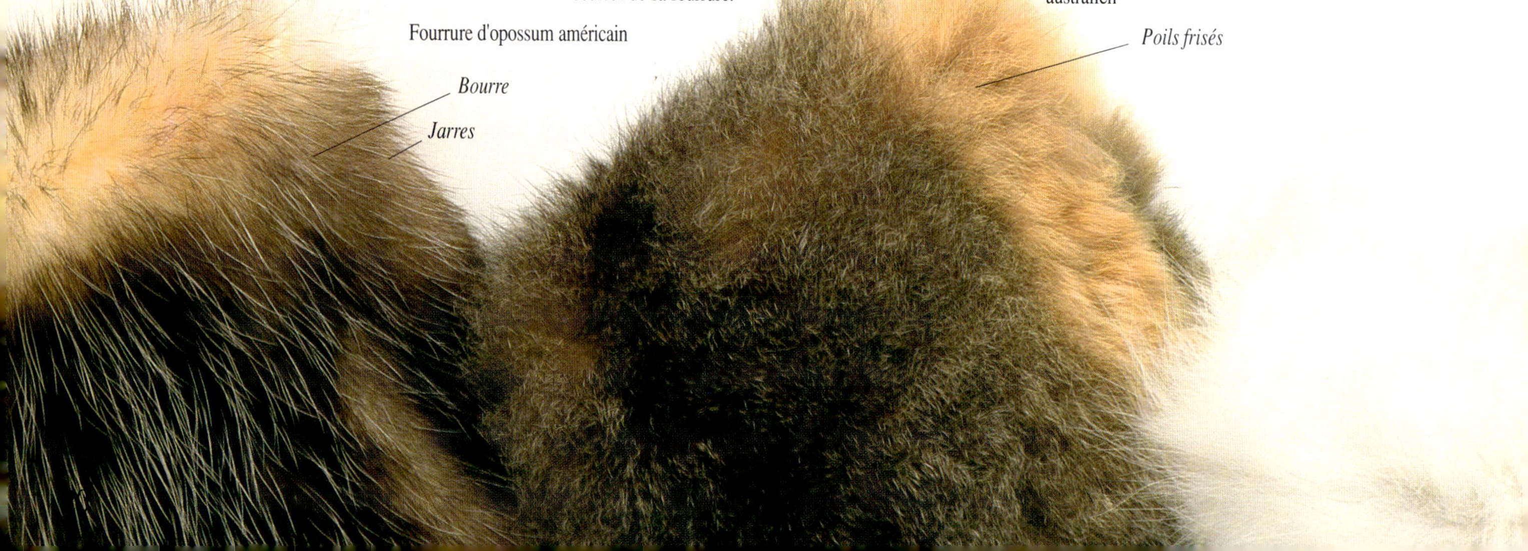

Astrakan

Fourrure courte et texturée

POILS COURTS ET DENSES...
La belle fourrure veloutée du jeune caracul, une variété de moutons d'Asie centrale, est connue sous le nom d'astrakan. Ces animaux ont été domestiqués il y a environ 12 000 ans et aujourd'hui, quelque 350 races sont élevées pour leur viande et leur laine.

Fourrure de colobe

Poils longs et épais

... OU LONGS ET SOYEUX
Certaines espèces de singes colobes sont devenues rares car elles sont chassées pour leur fourrure aux poils longs et soyeux. Le colobe satan est couvert d'une robe noire et brillante. Hélas, des touristes ignorants achètent encore des décorations et des tapis en peau de colobe.

Fourrure de castor

Longs jarres

Y LAISSER SA PEAU
Comme de nombreux mammifères, le castor a deux fourrures superposées : l'une, la bourre, de poils bruns, courts et denses ; l'autre, le jarre, plus clairsemée, de poils plus longs et plus épais. Celle-ci joue un rôle de protection et de camouflage tandis que la première est isolante et hydrofuge. Autrefois, en Amérique du Nord, la chasse aux castors, pour la pelleterie, rapportait gros. Il y avait de véritables guerres pour s'approprier les terrains de chasse et, aux XVIIIe et XIXe siècles, le commerce des peaux a contribué au développement d'une bonne partie de ce continent.

FOURRURE ÉTANCHE
Bien qu'il passe le plus clair de son temps sous l'eau, le campagnol aquatique ne se mouille pas car ses longs poils gardent la bourre au sec.

BANDES D'AVERTISSEMENT
Les bandes caractéristiques de la moufette sont un avertissement. Pour peu qu'un prédateur s'avise de la malmener, elle exécute une parade de menace, étalant la queue et tapant du pied. Si l'agresseur ignore la mise en garde, la moufette risque de se retourner et de lui projeter le liquide nauséabond de ses deux glandes anales.

NOUS NE SOMMES PAS NUS !
Nous pourrions croire que nous sommes des «singes nus» mais nous avons des quantités de poils, tout petits et discrets. Les cheveux, eux, sont pourtant typiquement mammaliens.
A certaines époques, la mode a mis en valeur cette caractéristique, comme avec la perruque (à gauche) portée par ce docte juge.

Mèche de cheveux

VENTRE TACHETÉ
La plupart des félins tachetés sur le dos le sont aussi sur le ventre. C'est le cas du lynx.

Fourrure de lynx

Fourrure ventrale tachetée

Fourrure de moufette

Bandes noires et blanches caractéristiques

21

ILS SE CAMOUFLENT POUR VIVRE HEUREUX

Lorsqu'ils cherchent leur nourriture à découvert, les petits mammifères herbivores sont à la merci de leurs nombreux ennemis, avec peu de moyens pour se défendre. Le camouflage, c'est-à-dire la faculté de ressembler à l'environnement et de se confondre avec lui les aide à ne pas se faire repérer tant qu'ils restent immobiles. Les prédateurs, eux aussi, se servent du camouflage pour approcher leurs proies sans être vus. La fourrure est idéale pour cela : les différentes longueurs de poils et les pigmentations variées qui la colorent rendent possibles pratiquement tous les dessins et toutes les teintes de la nature (p. 20).

CAMOUFLAGE PARASITE
Des algues microscopiques vertes poussent sur la fourrure du paresseux à deux doigts d'Amérique du Sud, dans les sillons de ses longs poils de garde (p. 20). Lorsqu'il se tient immobile (et c'est souvent le cas) dans la faible lumière de la forêt, il se confond avec le feuillage.

UN CAILLOU À MOUSTACHES ?
Les petits rongeurs comme les souris et les campagnols sont parmi les mammifères les plus vulnérables. Leurs principales défenses sont leurs sens aigus, leur capacité à disparaître rapidement dans le terrier le plus proche, ou un bon camouflage s'ils sont coincés à découvert. Le pelage de cette souris épineuse d'Arabie se confond avec le sable, les cailloux clairs et le bois sec de son habitat semi-désertique.

Bois sec

Cailloux clairs

Sable

UNE FEUILLE AVEC DES YEUX ?
Le campagnol des champs vit dans des endroits variés, des prairies aux forêts et aux berges. Il fouille le sol jonché de feuilles mortes et de débris végétaux. Très affairé, il est actif presque vingt-quatre heures sur vingt-quatre. Aussi son camouflage est-il très important. Alerté par le bruissement d'ailes d'un rapace, le campagnol se fige sur place. Dans la faible lumière de l'aube ou du crépuscule, dans l'ombre des feuillages, il est alors difficile de l'apercevoir d'en haut – comme le montre cette image prise du ciel, comme de l'œil d'un hibou...

Feuilles caduques

Feuilles mortes

Bois humide

SE DISSIMULER À L'ENNEMI
A la guerre, les hommes imitent la nature et se camouflent ainsi que leurs véhicules et leurs armes. Les tenues de combat habituelles sont vertes ou kaki, ou encore bigarrées (on les appelle alors tenues «léopard»), pour briser la silhouette des soldats en forêt et dans les broussailles. Les équipements pour les régions enneigées doivent être chauds et blancs, comme la robe hivernale du renard polaire (p. 20).

CASSER LA SILHOUETTE
La coloration du tapir malais, avec la bande dorso-ventrale blanche caractéristique et le reste du corps noir, est un bon exemple de coloration discontinue. Dans l'obscurité de la forêt, ce dessin casse la silhouette volumineuse de l'animal pour le rendre moins reconnaissable aux prédateurs. Le jeune tapir est tacheté de blanc, un artifice de camouflage comparable.

LE HÉRISSON A MIS DU PIQUANT DANS SA VIE

Quelque 5 000 piquants durs et acérés, pointant dans toutes les directions : ce manteau épineux est la principale défense du hérisson européen, un mammifère familier de nos jardins, nos haies, nos parcs et nos forêts. Chaque épine est un poil qui s'est transformé au cours de l'évolution en un piquant raide et pointu de 2 à 3 cm de long environ. Le comportement du hérisson a évolué à mesure que ses piquants se sont développés. En cas de problème sérieux, il se roule en boule et attend que le danger passe.

Le danger passé, la tête et les pattes avant émergent

3 FIN D'ALERTE
Le hérisson a décidé que le danger s'était éloigné et qu'il était temps de partir. La tête émerge la première de la boule, pour bien sentir, entendre et voir. Puis les pattes avant. Le hérisson a des pattes étonnamment longues, généralement cachées sous son manteau d'épines, avec lesquelles il peut courir, creuser, escalader les murets et nager s'il le faut.

Il commence à se dérouler avec prudence

2 COUP D'ŒIL CIRCONSPECT
Les épines servent de moyens de dissuasion, mais aussi de coussin amortisseur au cas où l'animal serait projeté contre un arbre ou en bas d'une pente. Lorsqu'il sent le danger passé, le hérisson se détend légèrement et risque un coup d'œil hors de son abri piquant. Sa vue est relativement faible, mais son odorat très fin. Et les vibrations d'une bête à proximité sont détectées par les piquants.

Le hérisson complètement en boule ne présente aucune partie vulnérable

1 POSITION DE DÉFENSE
Face au danger, le hérisson rentre vite la tête, les pattes, la queue et arque le dos en U. Une cape de muscles situés sous la peau, assez lâche, se rabat sur la tête, les flancs et l'arrière-train. Sur le pourtour de cette cape, une bande de muscles se contracte et, comme un cordon, tire le manteau épineux pour protéger ces zones, érigeant automatiquement les piquants. Ce système de défense fait du hérisson une boule hermétique qui ne présente à l'agresseur que ses piquants.

L'ENNEMI MORTEL
Le renard chasse de nombreux petits mammifères, dont les hérissons. Il peut harceler longtemps un hérisson complètement roulé en boule pour le faire se dérouler et s'enfuir. Il l'attrape alors au ventre, la partie vulnérable.

Pieds à peine visibles

La tête reste rentrée

4 RÉTABLISSEMENT
Si le hérisson continue à se dérouler en restant sur le dos, la partie inférieure de son corps, vulnérable, sera exposée. Pour parer à toute attaque, il exécute un rétablissement rapide qui le fait atterrir sur le ventre, les pieds et la tête encore bien à l'abri.

5 PRÊT A PARTIR
Si aucun nouveau danger ne se manifeste, le hérisson se déroule un peu plus. Son museau émerge : on peut distinguer la tête de la queue. Reniflant, les moustaches frémissantes, il cherche un refuge, de préférence un fouillis sombre de ronces et de broussailles.

6 DÉPART PRÉCIPITÉ
La défense cède la place à la fuite et le hérisson se sauve vers un lieu sûr. Il peut se déplacer étonnamment vite en cas de danger – à la vitesse d'un homme marchant d'un bon pas –, le ventre loin du sol. Mais quand il cherche tranquillement des limaces, des vers, des insectes ou même des fruits, il traîne les pattes.

UN «COUSIN» AUSTRALIEN
L'échidné d'Australie ou de Nouvelle-Guinée possède un manteau d'épines comparable à celui du hérisson. Mais ce n'est qu'un parent éloigné : le hérisson donne naissance à des petits vivants, tandis que l'échidné pond des œufs (p. 31).

Le hérisson fonce vers une retraite plus sûre

UN COMPORTEMENT ÉTRANGE
On a souvent vu le hérisson mâchouiller des choses répugnantes (comme ce crapaud mort, à gauche) puis, d'un mouvement brusque, cracher sa salive mousseuse sur ses piquants. Certains spécialistes pensent que cette auto-onction fait partie de la défense de l'animal, qu'elle l'aide à décourager les prédateurs.

ATTENTION AU BÉBÉ !
Le premier manteau du bébé hérisson est fait d'épines caoutchouteuses aplaties sous la peau à la naissance, et qui se dressent au bout de quelques heures. Le petit animal ne peut se mettre en boule avant onze jours. Sa principale défense est de relever brusquement la tête pour piquer le nez de ses prédateurs.

La tête émerge pour inspecter les alentours

25

ILS PRÉFÈRENT LA DISSUASION

De nombreux mammifères ont des stratégies de défense dissuasive qui leur évitent de livrer combat. Ceci est particulièrement important lorsqu'il s'agit de membres d'une même espèce, en concurrence pour la nourriture, le territoire ou un partenaire sexuel. Parmi les moyens d'intimidation, il y a, ostensibles, les cornes ou les bois, à l'aspect redoutable, le fait de montrer les dents, de hérisser le poil pour paraître plus gros, et de produire des sons puissants. Les affrontements physiques comportent un grand risque, même pour le vainqueur : s'il est blessé, il peut devenir la proie d'un prédateur.

Bois courts

Canine en forme de défense

Crâne de mâle muntjac

BOIS ET DÉFENSES
Le mâle muntjac, ou «cerf aboyeur», a des bois courts, pointus, ainsi que deux dents en forme de défense à la mâchoire supérieure. Quand deux mâles rivaux se disputent un territoire et le droit de s'accoupler avec les biches qui en dépendent, ils ont tendance à se servir de ces défenses plutôt que de leurs bois. La première réaction d'un muntjac attaqué par un prédateur est la fuite. S'il échoue, il fait alors front avec ses bois et essaye de donner des coups de sabot à son adversaire.

Bois de cerf

Andouiller (ramification du merrain)

Mâles luttant avec leurs bois

LE CHOC DES BOIS
Les impressionnants bois osseux du cerf mâle sont le signe visible de sa force et de sa supériorité. A l'automne, quand arrive la période du rut, ils deviennent de véritables armes. Les mâles rivaux commencent par s'interpeller en bramant puis, tête baissée, entrechoquent leurs bois, se poussent et se tirent à tour de rôle, chacun essayant de déstabiliser l'autre. Le vainqueur rassemble un harem de femelles. Les bois tombent au printemps et les nouveaux poussent pendant l'été.

Corne d'antilope cervicapre des Indes

Torsades de la corne

ÉPÉE TORSADÉE
Les cornes d'antilope cervicapre des Indes ne se renouvellent pas chaque année comme les bois des cerfs. Les jeunes mâles se battent en duel avec leurs cornes : ils s'exercent pour plus tard, lorsqu'ils devront lutter pour un territoire et des femelles.

Anneaux

BÂILLER POUR FAIRE PEUR
Le bâillement de l'hippopotame révèle ses énormes dents. Quand deux mâles bâillent ainsi face à face, ils affirment leur droit de propriété sur un territoire – une partie de rivière ou la rive d'un lac. S'ils en viennent à se battre, leurs dents peuvent infliger des blessures graves au rival ; mais la peau d'hippopotame cicatrise très vite.

Un bâillement redoutable

Dent d'hippopotame (canine)

Le lion et la licorne gardent les armoiries du Royaume-Uni

26

UNE CUIRASSE D'ÉCAILLES
Le tatou ressemble à un char d'assaut vivant, avec son blindage de plaques osseuses (écailles) recouvertes de corne. Ces écailles se développent à partir de la peau et même la queue est cuirassée (p. 29). Sur la vingtaine d'espèces de tatous qui existent, tous ne se roulent pas en boule. Une autre solution de défense consiste à s'enterrer pour protéger les parties inférieures vulnérables.

INTERDICTION D'ENTRER
Le tatou à trois bandes (à gauche) peut se rouler complètement en boule, alors que le Chlamydophore tronqué (ci-dessous) creuse un trou dans lequel il se cache. Son arrière-train cuirassé fait office de barrière, de «bouchon».

Grand tatou poilu

Blindage intégral

Tatou à trois bandes

Corne de rhinocéros noir en coupe

La corne est faite de fibres agglomérées

Chlamydophore tronqué

TUILES DE TOIT ?
Les écailles protectrices du pangolin sont comme les tuiles emboîtées d'un toit. Cet amateur de fourmis, édenté, possède une longue queue écailleuse qui le protège complètement lorsqu'il se roule en boule. Certaines armures chinoises traditionnelles imitaient le dessin du pangolin.

Ecailles du pangolin géant

FAIRE LE MORT
L'opossum a un curieux comportement en face d'un prédateur : il fait le mort. On ne sait trop si cette ruse réussit. Peut-être certains prédateurs, qui ne se nourrissent pas de cadavres, renoncent-ils.

Le pangolin n'a pas l'air d'un mammifère

Piquants du porc-épic d'Afrique du Sud

DES PIQUANTS RAYÉS
Les piquants acérés du porc-épic se détachent facilement. Lorsqu'il est attaqué, il s'approche à reculons de son adversaire et lui plante des piquants dans la peau.

SANS DÉFENSE EN FACE D'UN FUSIL
Le mot rhinocéros signifie «nez à corne». Ces cornes – de rhinocéros noir africain – sont des pièces de musée très anciennes. Aujourd'hui, les rhinocéros se raréfient et certaines espèces sont même en voie d'extinction, car on les chasse encore pour leurs cornes – dont on fait des manches de poignard ou des «remèdes», totalement inefficaces.

Os du crâne

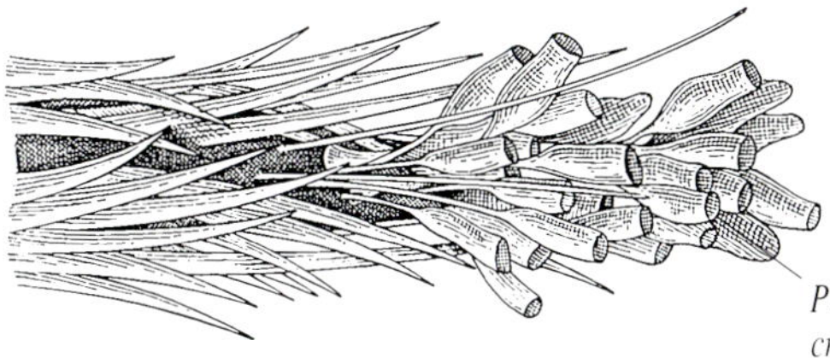

Piquants creux de la queue

SONNETTE D'ALARME
La queue du porc-épic d'Afrique du Sud a des piquants sonores. Plutôt que de se battre, l'animal fait du bruit avec ses piquants creux pour effrayer et mettre en fuite son agresseur.

27

Vertèbres de la queue du cheval

Queue d'éléphant

LA QUEUE A DE NOMBREUX USAGES

La queue des mammifères est constituée, à l'intérieur, d'une série de vertèbres qui prolongent la colonne vertébrale. Mais à l'extérieur, sa taille, sa forme et son rôle varient selon les espèces : écharpe duveteuse qui tient chaud l'hiver, chasse-mouches ou «drapeau» indiquant l'humeur ou les intentions. Nous savons bien que le chien remue la queue quand il est content et qu'il l'abaisse entre les pattes lorsqu'on le gronde. Ou bien que celle du chat bat quand on l'énerve. Le «langage de la queue» est répandu chez les mammifères et de petites variations de postures et de mouvements sont des signes d'agressivité, de soumission, etc. Les mammifères qui n'ont pas de queue – nous compris – sont relativement rares. Ce qui nous en reste, au stade de l'évolution où nous sommes, est une petite protubérance de quatre ou cinq vertèbres soudées, le coccyx, à la base de la colonne vertébrale.

Queue de cheval

UN ÉLÉGANT CHASSE-MOUCHES
La queue du cheval, qui fait office de chasse-mouches, est faite de centaines de longs poils épais. Les 15 dernières vertèbres occupent environ la moitié de la longueur de la queue (ci-dessus) et sont mues par des muscles situés tout le long. La queue dressée est signe d'excitation (lors de la parade nuptiale), alors que la queue fouettante indique la colère, l'irritation, ou parfois la douleur.

EN FILE INDIENNE
L'éléphant, le plus gros animal terrestre, a une peau épaisse aux poils clairsemés, mais il possède un peigne de poils raides à l'extrémité de la queue. Quand il marche en file indienne avec ses congénères, chacun enroule sa trompe autour de la queue de celui qui le précède.

Poils raides

Touffe de queue de daim

La queue est faite de longs poils

Touffe de queue de lion

QUEUES À TOUFFE
La longue queue mobile du lion présente une petite touffe de poils foncés à son extrémité (à gauche) avec laquelle jouent souvent les lionceaux qui s'entraînent ainsi à bondir. La queue du daim est foncée sur le dessus et blanche en dessous. La fourrure du corps, au-dessous du niveau de la queue, est également blanchâtre, à bandes noires. En cas de danger, la queue se redresse, produisant un flash blanc d'avertissement destiné aux autres membres de la harde.

LES MARSUPIAUX NE NAISSENT PAS COMME TOUT LE MONDE

La plupart des mammifères se développent dans l'utérus de leur mère. À la naissance, ils sont complètement formés et, chez de nombreuses espèces, tiennent sur leurs pattes au bout de quelques heures à peine (p. 35). Il n'en va pas de même des mammifères à poche, ou marsupiaux, qui se distinguent par leur système de reproduction particulier. Le kangourou gris, par exemple : sa gestation dans l'utérus maternel ne dure que cinq semaines. À la naissance, le petit est minuscule (2,5 cm), aveugle et tout rose Il sort par un orifice différent de celui des autres mammifères (p. 34) et rampe jusqu'à la poche qui renferme les mamelles. Immédiatement, il saisit dans sa bouche un mamelon qui se gonfle aussitôt et auquel il se trouve fermement fixé. C'est ainsi qu'il achève son développement. La poche tient donc lieu d'utérus externe. Quelque temps plus tard, les mâchoires du petit grandissent et il peut abandonner la mamelle et la reprendre à volonté. Puis il commence à pouvoir quitter la poche par moments. C'est au bout de 10 mois environ qu'il devient trop gros pour elle.

Marsupiaux australiens

Femelle adulte de wallaby à cou rouge

Mâle wallaby à cou rouge de quatre mois

KANGOUROUS ET WALLABIES
Cette femelle de wallaby à cou rouge (ou de Bennett) et son «Joey» (bébé) est un membre typique de la famille des kangourous et wallabies. Celle-ci comporte environ 50 espèces, à côté des quelque 120 espèces de marsupiaux australiens. On appelle kangourous les plus grandes espèces et wallabies les plus petites, mais il n'y a pas vraiment de différence entre les deux. Leur nom scientifique est *Macropodidae,* ce qui signifie «grands pieds» : il illustre bien leur manière de se déplacer par bonds successifs sur leurs énormes pieds, la queue faisant contrepoids. Certains grands kangourous atteignent 60 km/h. Lorsqu'ils broutent les plantes – ils sont tous herbivores –, ils se déplacent lentement en basculant les pattes postérieures, prenant appui sur la queue et les pattes avant. Au repos, ils se calent sur leur queue ou s'étendent paresseusement à l'ombre d'un arbre. Le wallaby à cou rouge a été l'un des premiers marsupiaux aperçus par des Européens, lorsque la première flotte anglaise a jeté l'ancre, en 1788, dans la baie de Sydney. Son surnom traditionnel de «broussard» vient de ce qu'il préfère la brousse et les régions boisées aux espaces découverts. Ce petit de quatre mois (à gauche) commence maintenant à quitter sa mère. Mais au moindre signe de danger, il sautera se mettre en sécurité dans la poche. Il l'abandonnera à neuf mois mais ne sera pas sevré (p. 33) avant douze mois.

CES MAMMIFÈRES QUI PONDENT DES ŒUFS...
Seules 3 des quelque 4000 espèces de mammifères pondent des œufs : l'ornithorynque d'Australie, l'échidné à bec court d'Australie et de Nouvelle-Guinée et l'échidné à long bec de Nouvelle-Guinée. Ce sont les uniques représentants de l'ordre des monotrèmes (p. 8). Quand les œufs à coquille blanche parcheminée éclosent, environ deux semaines après avoir été pondus, les jeunes se nourrissent du lait maternel qui sort par des pores élargis de la peau. Les monotrèmes n'ont pas de mamelles (p. 36).

Tête d'ornithorynque

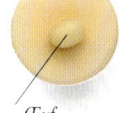
Œuf d'échidné

Tête d'échidné

SINGE OU MARSUPIAL ?
Certains opossums (marsupiaux américains) ressemblent aux singes, bien qu'ils n'aient avec eux d'autre lien de parenté que leur commune appartenance aux mammifères. Cet opossum laineux vit dans les forêts tropicales d'Amérique centrale et du nord de l'Amérique du Sud. Il a, comme le singe, de grands yeux tournés vers l'avant pour bien apprécier les distances tout en se déplaçant à travers la végétation. Il possède aussi une queue préhensile, comme certains singes sud-américains. Comme eux enfin, il se nourrit de fruits et de nectar. Mais son système de reproduction, lui, est typique des marsupiaux : dès la naissance, les petits se fixent aux mamelles de la poche et en grandissant, ils arrivent à grimper sur le dos de leur mère et s'y font promener !

Après son épopée jusqu'à la poche, le petit kangourou se fixe fermement à un mamelon et tète (p. 36), comme n'importe quel mammifère.

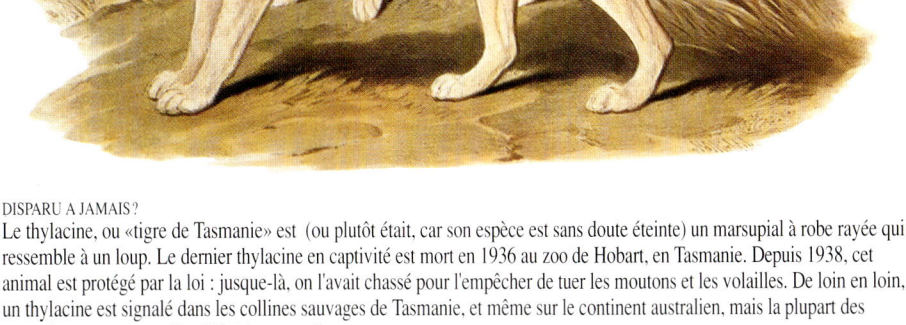

DISPARU A JAMAIS ?
Le thylacine, ou «tigre de Tasmanie» est (ou plutôt était, car son espèce est sans doute éteinte) un marsupial à robe rayée qui ressemble à un loup. Le dernier thylacine en captivité est mort en 1936 au zoo de Hobart, en Tasmanie. Depuis 1938, cet animal est protégé par la loi : jusque-là, on l'avait chassé pour l'empêcher de tuer les moutons et les volailles. De loin en loin, un thylacine est signalé dans les collines sauvages de Tasmanie, et même sur le continent australien, mais la plupart des naturalistes pensent qu'il a définitivement disparu.

LES SOURIS MULTIPLIENT LES CADENCES

Les souris sont de petits mammifères presque sans défense. Des proies faciles. Leur stratégie de survie consiste à se reproduire à un taux extraordinairement élevé. Une femelle de souris domestique peut, dès l'âge de six semaines, avoir jusqu'à 10 portées de 5 à 7 souriceaux par an. Si tous les petits survivaient et se reproduisaient à leur tour, un couple de souris pourrait donner naissance à un demi-million de descendants !

Corps sans fourrure

Nid d'herbe et de paille

Membres minuscules

1 À LA NAISSANCE
La mère souris a fabriqué un nid douillet avec des brins d'herbe, de paille, de la mousse et d'autres débris végétaux. Lorsqu'elle vit dans le voisinage des humains, elle utilise des bouts de chiffon, d'emballage ou de papier. Le nid est installé dans un endroit sûr, par exemple au fond d'un trou, sous le plancher ou derrière un mur. Environ vingt jours après l'accouplement, la mère donne naissance aux petits, que l'on a du mal à reconnaître comme mammifères... et encore moins comme souris : ils sont roses, tout nus, sourds et aveugles, et totalement dépendants de leur mère.

2 À DEUX JOURS
Les bébés caoutchouteux et gigotants partagent leur temps entre les tétées (pp.36-37) et le repos dans le nid douillet. Leur queue s'allonge tandis que les yeux et les oreilles deviennent plus distincts.

La queue se développe

Oreille

3 À QUATRE JOURS
Deux jours de plus et les bébés commencent à ressembler à des souris. Leurs petites oreilles sont bien visibles, tandis que leurs membres et leurs pieds ont pris des proportions plus normales. Ils couinent et émettent des ultra-sons trop aigus pour nous, mais que leur mère entend. Si elle quitte le nid trop longtemps et qu'ils se refroidissent, ils l'appellent, comme pour lui dire : « Reviens et réchauffe-nous ! »

ENFANT PRODIGUE
La souris est une bonne mère. Elle repère ses rejetons tombés du nid à leurs couinements, entre autres, et les ramène au bercail en les transportant dans sa bouche.

Les doigts se sont développés

La fourrure commence à pousser

TOUS LES MAMMIFÈRES ALLAITENT
L'allaitement est la caractéristique des mammifères. La mère souris nourrit ainsi ses petits à intervalles réguliers. Cela leur donne l'énergie nécessaire à leur croissance incroyablement rapide.

Les paupières sont ouvertes

4 À SIX JOURS
Les jeunes prennent la couleur brune des souris domestiques à mesure que leur fourrure pousse. C'est une période dangereuse car leurs mouvements et leurs cris devenus plus bruyants risquent de les faire repérer par les rôdeurs. La mère continue à allaiter. La portée ne sera pas sevrée (arrêt du lait et mise au régime solide), avant l'âge de 18 jours. Le père est parti depuis longtemps : il ne participe pour ainsi dire pas à la vie de famille.

5 À DIX JOURS
Les paupières se sont ouvertes et les souriceaux commencent à voir, bien qu'ils soient myopes. Ils sont aussi plus mobiles et leurs mouvements mieux coordonnés. Chez de nombreux mammifères, ce stade de développement est atteint dans l'utérus maternel et la naissance a lieu à ce moment (voir les chatons pp. 34-35). Mais les souris comptent sur leurs nombreuses portées pour maintenir l'espèce, et si les petits sont «prématurés», c'est que la mère ne pourrait pas mener à terme autant de bébés dans son ventre.

Le corps est couvert de fourrure

6 À QUATORZE JOURS
Les souriceaux deviennent curieux et quittent le nid pour de courtes périodes. Dans quelques jours, ils seront prêts à prendre leur autonomie. Ils devront alors affronter seuls tous les dangers : prédateurs, éléments naturels, manque de nourriture et surpeuplement, quand ils commenceront à leur tour à se reproduire.

A deux semaines, ils commencent à explorer les environs

Le nid est maintenant trop petit

33

NEUF VIES TOUTES NEUVES

Les mammifères dont le fœtus se développe entièrement dans l'utérus maternel sont des placentaires. L'utérus protège le futur bébé jusqu'à un stade avancé et un organe spécial, le placenta, le ravitaille en nourriture et en oxygène. Les chats sont des mammifères placentaires dont les petits naissent avec de la fourrure. Comparez-les aux souriceaux, également placentaires, de la page 32, et au petit marsupial wallaby de la page 30. Chez beaucoup d'espèces, la période de gestation, qui est la durée du développement dans l'utérus, est fonction de la corpulence : environ deux semaines pour les musaraignes, seize mois pour le rhinocéros. La naissance est un moment dangereux pour la mère et ses petits car les odeurs de la mise bas peuvent les faire découvrir et ils sont, bien sûr, incapables de s'enfuir. La naissance est une affaire privée et même chez les espèces vivant en groupe, comme les cerfs, elle a lieu dans un endroit sûr, bien à l'écart des autres.

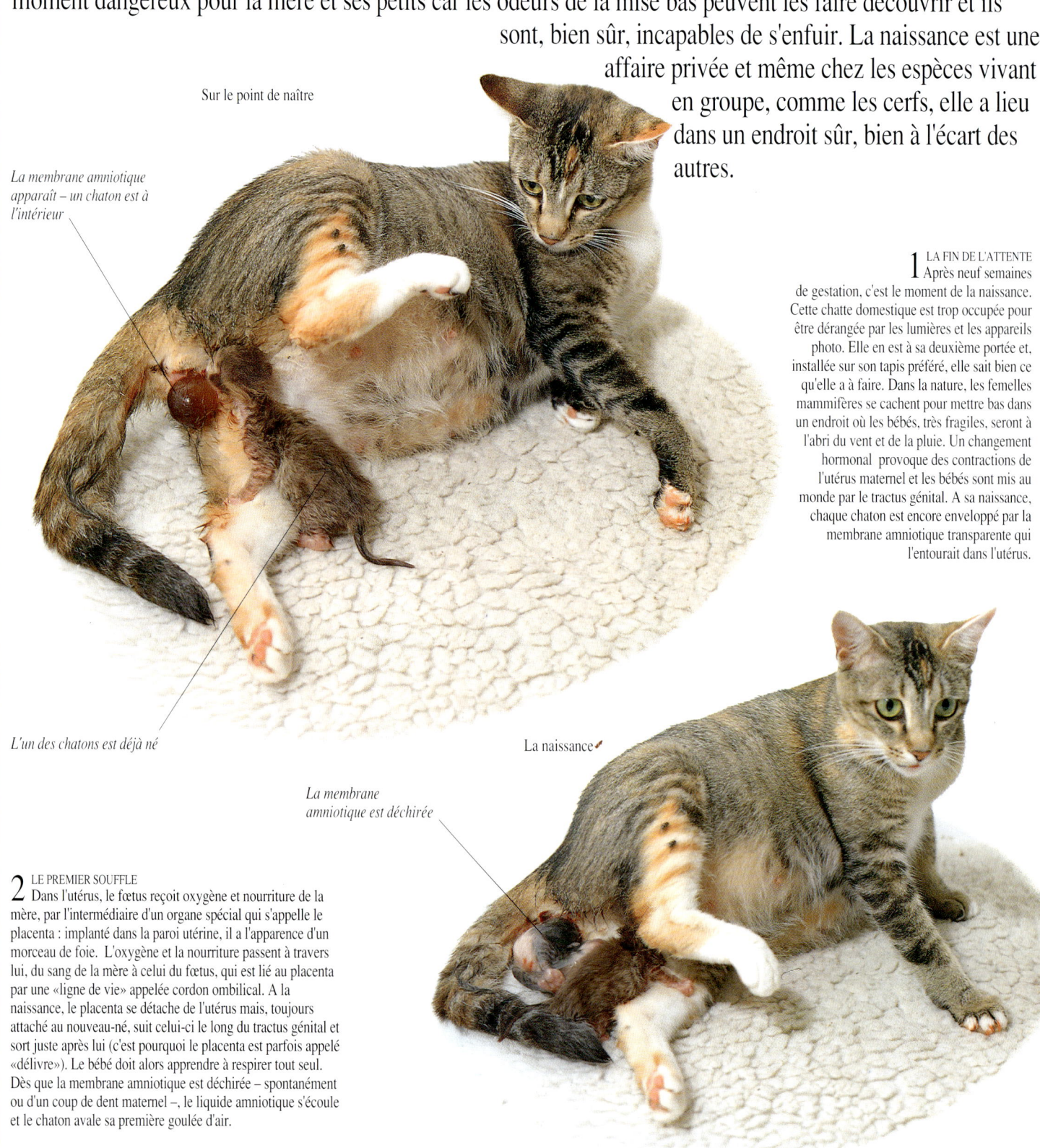

Sur le point de naître

La membrane amniotique apparaît – un chaton est à l'intérieur

L'un des chatons est déjà né

La naissance

La membrane amniotique est déchirée

1 LA FIN DE L'ATTENTE
Après neuf semaines de gestation, c'est le moment de la naissance. Cette chatte domestique est trop occupée pour être dérangée par les lumières et les appareils photo. Elle en est à sa deuxième portée et, installée sur son tapis préféré, elle sait bien ce qu'elle a à faire. Dans la nature, les femelles mammifères se cachent pour mettre bas dans un endroit où les bébés, très fragiles, seront à l'abri du vent et de la pluie. Un changement hormonal provoque des contractions de l'utérus maternel et les bébés sont mis au monde par le tractus génital. A sa naissance, chaque chaton est encore enveloppé par la membrane amniotique transparente qui l'entourait dans l'utérus.

2 LE PREMIER SOUFFLE
Dans l'utérus, le fœtus reçoit oxygène et nourriture de la mère, par l'intermédiaire d'un organe spécial qui s'appelle le placenta : implanté dans la paroi utérine, il a l'apparence d'un morceau de foie. L'oxygène et la nourriture passent à travers lui, du sang de la mère à celui du fœtus, qui est lié au placenta par une «ligne de vie» appelée cordon ombilical. A la naissance, le placenta se détache de l'utérus mais, toujours attaché au nouveau-né, suit celui-ci le long du tractus génital et sort juste après lui (c'est pourquoi le placenta est parfois appelé «délivre»). Le bébé doit alors apprendre à respirer tout seul. Dès que la membrane amniotique est déchirée – spontanément ou d'un coup de dent maternel –, le liquide amniotique s'écoule et le chaton avale sa première goulée d'air.

3 COUPER LE CORDON

Le chaton attend près de la queue maternelle que le placenta soit expulsé. Pendant ce temps, le sang du cordon ombilical coagule, ce qui évite au chaton une hémorragie mortelle lorsque sa mère coupera le cordon à coups de dents. Ensuite, la chatte mange le placenta riche en éléments nutritifs qui sont les bienvenus puisqu'elle ne peut, pour le moment, aller chercher sa pitance. Et puis, si elle ne nettoie pas, les odeurs risquent d'attirer les mouches et l'attention malveillante des prédateurs. Elle lèche ensuite ses chatons un à un pour les sécher et donner du volume à leur fourrure, ce qui leur permet d'être au chaud. Pendant ce temps, guidé par l'odorat et le toucher, le premier-né rampe le long de sa mère jusqu'aux mamelles qu'il va téter (p. 36). La chatte a fort à faire car les petits sont nés à environ 20 mn d'intervalle et il y en a toujours un à lécher et à nettoyer. La mère chat sauvage attaquerait férocement tout intrus qui oserait l'interrompre à ce moment ; ses petits eux-mêmes se débattraient et cracheraient s'ils étaient menacés. La chatte domestique, elle, apprécie l'aide de son maître, mais ses petits, s'ils sentent une présence étrangère, sifflent et montrent leurs gencives édentées. Comme de vrais petits chats sauvages !

La chatte coupe le cordon ombilical

La mère coupe le cordon à coups de dents

Le premier-né est déjà en train de téter

Frères et sœurs entassés

4 NAÎTRE EST ÉPUISANT

Les nouveau-nés humides ont l'air écrasés d'épuisement. Les oreilles et les yeux collés, ils sont sourds et aveugles, mais plus costauds qu'ils n'y paraît. Si la mère s'asseoit sur eux ou leur marche dessus accidentellement, ils couinent vigoureusement pour l'avertir.

SUR PATTES DÈS LA NAISSANCE
Contrairement aux chatons sans défense, le veau est capable de marcher et de courir dès la naissance. L'évolution a permis aux animaux susceptibles d'être chassés, et surtout à ceux qui vivent à découvert, de passer le moins de temps possible à mettre bas.

5 UNE FAMILLE HEUREUSE

Les chatons sont tous nés. C'est une portée nombreuse mais les naissances ont été rapides et sans problèmes pour la mère, qui continue à lécher ses petits. Elle va bientôt pouvoir s'allonger pour dormir pendant que ses chatons téteront bien au chaud et au sec.

DES MAMELLES DÉCOULE LA SURVIE

Les glandes mammaires n'existent que chez les mammifères femelles. Elles ressemblent à certaines glandes sudoripares et sont situées sous la peau, le long de deux «voies lactées» de part et d'autre de l'abdomen. Les chattes et les chiennes en ont plusieurs, accompagnées de mamelons de chaque côté. Les animaux à sabots, eux, les portent plutôt vers les pattes postérieures. Chez les primates, dont les humains, elles sont sur le thorax, peut-être à cause d'une adaptation à la vie arboricole et le besoin qui en découle de tenir les petits avec les membres antérieurs. Pendant la gestation, les glandes mammaires grossissent sous l'influence des hormones femelles, la folliculine et la progestérone. La production de lait est déclenchée par une autre hormone, la prolactine. Après la naissance, l'oxytocine, une hormone sécrétée par la glande pituitaire – située juste sous le cerveau – provoque la lactation et la rend plus abondante. Le lait est un aliment complet pour les petits mammifères et leur fournit même l'eau dont ils ont besoin.

La jument a deux mamelles entre les pattes arrière, vers lesquelles elle pousse son poulain. Celui-ci tète en moyenne quatre fois par heure.

La mère chat (p. 34) en est à la troisième portée, nettement plus restreinte

LA TÉTINE
A la différence des chatons, les chiots attrapent la première tétine qu'ils trouvent. Prolongement arrondi de la mamelle, la tétine a une consistance caoutchouteuse. Elle s'adapte parfaitement à la bouche du bébé pour qu'il perde le moins de lait possible pendant la tétée. Elle fonctionne aussi comme une valve qui se ferme de manière à prévenir les «fuites» après la tétée.

CHATONS GOULUS
Dans l'heure qui suit sa naissance, le chaton tète le lait de sa mère. Comme les petits naissent à environ 20 minutes d'intervalle et qu'il y en a en moyenne quatre ou cinq par portée, le premier-né sera déjà en train de téter lorsque les derniers seront en train de naître. Le chaton nouveau-né ne peut voir ni entendre mais il sent avec son odorat et, de manière tactile, avec ses moustaches, sa fourrure, son nez et ses pattes. Guidé par la chaleur maternelle, il rampe jusqu'à la source de lait, trouvant à tâtons un des mamelons qu'il pétrit avec ses pattes et son museau, pour stimuler le débit. Après la phase «premier arrivé, premier servi» du début, les chatons prennent leurs habitudes et chacun a bientôt «sa» tétine. Lorsqu'une portée est très nombreuse, ils boivent à tour de rôle.

Les mamelles se trouvent le long de l'abdomen maternel

Peu nombreuse, la portée ne se sert pas de cette tétine

LAMANTIN MATERNEL
Les mamelles du lamantin, mammifère marin, se trouvent juste derrière ses nageoires pectorales, près des «aisselles». A côté de sa mère, le petit tète sous l'eau. Elle le tient parfois entre ses nageoires, un peu comme on berce un enfant, pour éviter que le courant ne l'emporte.

Chatons nouveau-nés tétant le lait maternel

Chaque chaton a «sa» tétine

LES JUMEAUX DE LA LOUVE
Selon la légende, les jumeaux Romulus et Remus, fondateurs de Rome, ont été allaités par une louve et élevés par un berger. Il est pourtant peu probable que le lait de cet animal contienne les éléments nutritifs nécessaires aux humains.

UN RÉFLEXE INNÉ
Après la naissance, à la différence des autres petits mammifères, le bébé humain perd un peu de poids, mais le reprend en une semaine. Le nouveau-né a un réflexe bien utile : il se tourne toujours du côté où on lui caresse la joue... car il cherche le sein.

LES MAMMIFÈRES SONT DES PARENTS POSSESSIFS

Comparés aux autres animaux, les parents mammifères investissent beaucoup de temps et d'énergie pour leurs petits. L'insecte pond des centaines d'œufs qu'il abandonne à leur sort ; l'oursin en libère des milliers dans l'eau de mer et ne s'en occupe plus... Les mammifères s'y prennent différemment : ils n'ont, le plus souvent, que peu de descendants, mais ils s'en occupent bien. Ils les lavent, les nourrissent, les tiennent au chaud, les protègent, les éduquent et, en général, attendent qu'ils soient autonomes pour les lâcher dans la nature. La vigilance parentale varie néanmoins selon les espèces. Nous-mêmes représentons un extrême : les parents humains passent de très nombreuses années à élever leurs enfants. A l'opposé, les tupayes sont sans doute les parents les plus indignes : ils abandonnent leur nid et ne viennent voir leurs petits que tous les deux jours. La chatte, elle, s'occupe de ses chatons jusqu'à ce qu'ils soient sevrés et assez grands pour chercher leur nourriture tout seuls. Les chatons tirent du lait maternel l'énergie nécessaire (p. 36) et grandissent vite, comme on le voit sur ces photos. A neuf semaines, ils peuvent déjà quitter leur mère. Comparez-les avec les wallabies (p. 30) et les souris (p. 32).

LE PETIT D'HOMME EST LONGTEMPS DÉPENDANT
Alors qu'à deux mois, un jeune chat est parfaitement autonome, au même âge, un petit d'homme est encore dépendant. Un de ses comportements les plus «payants» est le sourire : il encourage l'affection et incite aux câlins qui tiennent chaud, renforçant le lien mère-enfant. Il faudra encore bien des années pour que le bébé soit vraiment indépendant.

Chaton nouveau-né

Yeux et oreilles fermés

Fourrure sèche

1 À LA NAISSANCE
Les chatons naissent avec de la fourrure. Mais leur séjour dans le liquide amniotique les fait venir au monde tout mouillés. Leur mère les lèche consciencieusement et la fourrure sèche rapidement et devient brillante. Ils sont presque sans défense : ils ne voient pas, n'entendent pas (leurs yeux et leurs oreilles sont fermés) et ne peuvent pas lever la tête. Mais ils peuvent sentir et vite se guider jusqu'aux mamelles pour commencer à téter (p. 36).

Chaton d'une semaine

Le corps s'est allongé

Les yeux ne sont que des fentes

2 À UNE SEMAINE
Le chaton, qui pesait 100 g à la naissance, a doublé de poids en une semaine. Ses yeux s'ouvrent tout juste, mais il ne peut distinguer les couleurs et les formes, encore floues. Il doit apprendre à reconnaître et à assimiler ce qu'il voit, ce qui prend du temps. La mère le nettoie et lèche ses excréments : point très important dans la nature, car un nid souillé et nauséabond attirerait tout de suite les prédateurs.

3 À TROIS SEMAINES
A présent, le chaton voit, entend et relève la tête. Son poids a quadruplé depuis la naissance et ses muscles sont plus forts et mieux coordonnés. Ses pattes ont un peu grandi et il peut avancer, d'une démarche encore traînante. Lorsqu'il a un problème, il miaule assez fort en montrant ses premières dents de lait, qui apparaissent entre deux et trois semaines.

Chaton de trois semaines

Yeux grands ouverts

Dents de lait

Les pattes ont grandi, le chaton commence à se déplacer

4 À UN MOIS
Après son repas, le ventre du chaton traîne presque par terre, car ses pattes sont encore un peu courtes. Mais il marche maintenant d'un pas décidé et quitte le nid de son propre chef pour explorer les alentours et pour jouer. Le grand changement, c'est le sevrage : le chaton commence à goûter la nourriture solide et tète moins. La mère lui rapporte des proies qu'il peut examiner pour apprendre ce qu'il chassera plus tard.

Chaton d'un mois

Les proportions du museau changent, le chaton a moins l'air d'un «bébé»

Chaton de six semaines

Le chaton tient debout

La tête est encore grosse par rapport au corps

5 À SIX SEMAINES
Le chaton a toujours une grosse tête et des pattes courtes, mais il commence à avoir des proportions de chat adulte. Il quitte le nid de longs moments, explore et joue avec les autres membres de la portée (ils sont cinq, en moyenne, chez le chat domestique). Ses mouvements sont mieux coordonnés et il peut courir, sauter et grimper. Mais il ne s'aventure pas encore loin de chez lui. Si la nourriture solide est plus importante dans son régime, sa principale alimentation reste le lait maternel. A son âge, une femelle lemming serait déjà en train d'attendre sa première portée.

Chaton de neuf semaines

La queue est plus longue, proche de celle de l'adulte

6 À NEUF SEMAINES
A cet âge, la plupart des chatons sont complètement sevrés. Toujours en famille, appréciant la compagnie des autres, ils sont pourtant capables de se débrouiller tout seuls et peuvent être séparés de leur mère. Le jeune chat a l'air très joueur, mais presque toutes ses activités ont une fonction d'apprentissage : chasse, fuite devant le danger (p. 42). En jouant avec une pelote de laine rouge, ce chaton écaille de tortue s'exerce à coordonner coup d'œil et coup de patte. Il affûte ses réflexes et teste ses griffes tout en découvrant la laine.

En jouant avec cette balle, le bébé orang-outan est aussi en train d'apprendre à tenir un fruit.

DES JEUX QUI APPRENNENT À GRANDIR

Il est difficile d'imaginer une fourmi ou une sangsue en train de jouer. Ce que nous appelons jeu semble être l'exclusivité des mammifères, à cause de leurs sens bien développés et de leur capacité à apprendre, à se montrer «intelligents». Activité légère, pour le plaisir, le jeu est surtout le propre des jeunes et a quelque chose de gratuit : rien à voir avec les comportements adultes «intéressés» que sont la chasse ou la recherche d'un territoire. Les jeunes chimpanzés se poursuivent et s'attrapent, les petits blaireaux font des roulades sur la pente de leur terrier et les bébés ornithorynques se dandinent de droite et de gauche en couinant et en glapissant comme des chiots. Les théories explicatives de ces jeux ne manquent pas. Ils permettent de développer les muscles de chacun et leur coordination. Pour la survie des espèces, ils entraînent les carnivores aux techniques de la chasse, et les herbivores à repérer le danger et à le fuir. Ils donnent aussi une base de communication aux mammifères qui vivent en groupe : tel son ou telle posture indiquent la domination ou la soumission autour desquelles s'organise la société animale.

Il éprouve la solidité du tissu

MALIN COMME UN SINGE
On a donné à ce chimpanzé mâle de deux ans un bout de tissu pour jouer. Il en avait déjà vu auparavant, mais celui-ci fait l'objet de toutes ses attentions : il en examine la couleur, la texture, et éprouve sa solidité (à gauche). Bien entendu, il se demande si, par hasard, ce ne serait pas comestible. Il se lance ensuite dans toute une série d'«essayages» du tissu... sans jamais quitter des yeux les humains qui l'entourent. Les éclats de rire qui saluent ses trouvailles – «écharpe» ou «chapeau» (en haut à droite), «tchador» (en bas à droite, p. 41) – l'encouragent à poursuivre ses expériences. Il va s'intéresser à des détails et commence à effilocher le tissu avec beaucoup d'application (ci-dessous). Bien des caractéristiques de l'adulte sont déjà visibles, depuis la puissance musculaire de ses bras, qui lui permettra de se faire un «lit» de feuilles tous les soirs, jusqu'à l'habileté de ses doigts lorsqu'il fera sa toilette (p. 44) ou tiendra de petits morceaux de nourriture (p. 49).

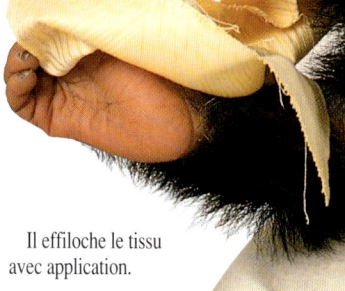

Il effiloche le tissu avec application.

Il met son «chapeau»...

NON, IL N'Y A PAS DE TERMITE...
Dans la nature, le chimpanzé se nourrit surtout de fruits et de feuilles. Mais, à l'aide de brindilles (p. 49), il cherche aussi des termites et des fourmis dans les trous. L'examen des formes creuses est donc un comportement naturel, mais il survient parfois dans des circonstances étranges... Il y a peu de chances de trouver les délicieux termites dans les petits trous d'un jeu de construction... Mais on ne sait jamais !

JOUETS NATURELS
Nous sommes tellement habitués à voir les bébés s'amuser avec des jouets achetés dans le commerce que nous oublions souvent que, dans certains pays moins industrialisés, les enfants jouent très bien avec des bâtons, des pierres et des feuilles.

Il met son «tchador»...

Les exercices des bras développent la force et la coordination des mouvements pour la vie dans les arbres.

41

LES PETITS JOUENT AUX GRANDS

Les mammifères herbivores doivent parfois aller loin et chercher longtemps avant de trouver leur nourriture, mais celle-ci est alors tout de suite accessible. Pour les chasseurs carnivores, c'est plus dangereux. Traquer une proie représente un gros effort et, au moment de la tuer, il y a toujours un risque d'être blessé (p. 26). Si la proie s'échappe, c'est du temps et de l'énergie gaspillés. Aussi n'est-il pas surprenant que les jeux des petits carnivores comme les chiens et les chats reflètent le comportement des chasseurs qu'ils seront. Pour éviter les malentendus ou les blessures accidentelles, il faut que l'animal qui veut jouer fasse comprendre ses intentions à ses compagnons. Le chiot fera une petite «révérence», les pattes avant aplaties sur le sol et le derrière en l'air. Remuant la queue, les oreilles dressées, il a l'air de dire : «On joue ?» Les enfants humains, eux, pouffent de rire et jouent à «faire semblant».

Dauphins joueurs : ces mammifères marins très sociables semblent suivre les bateaux «pour rire».

RÉCRÉATION FÉLINE
Beaucoup d'activités ludiques des chatons peuvent être interprétées comme des techniques de chasse qu'utilise un chat adulte. Ils jouent seuls, pour s'entraîner, ou à plusieurs, tenant tantôt le rôle du chasseur, tantôt celui du chassé.

ATTRAPER
Paume en l'air, le chaton essaye de glisser sa patte sous la balle et de l'attraper ou de la retourner. Comme il n'y arrive pas, il est intrigué. Les chats adultes attrapent ainsi de petites proies, et même des poissons.

JOUER
Même certains chats adultes «jouent» avec un petit animal avant de le tuer. Les couinements d'une musaraigne captive ou les battements d'ailes d'un oiseau tombé à terre semblent les amuser. Mais la signification de ce comportement n'est pas claire.

FRAPPER À LA VOLÉE
Il faut une bonne coordination «coup d'œil-coup de patte» pour atteindre une cible à la volée. C'est ainsi que le chat attrape d'un coup de griffe un oiseau qui vole bas ou une souris qui s'enfuit en faisant des bonds.

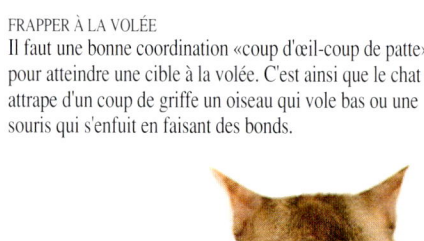

FONDRE SUR SA PROIE
La manière dont le chat fond sur la souris est très caractéristique. D'autres chasseurs comme les renards en font autant. Le but est de s'abattre soudain et sans bruit sur le dos de la victime, loin des dents et des griffes, et de lui planter les crocs dans la nuque avant qu'elle ait le temps de réagir. Sur la photo de gauche, c'est la queue de la mère qui joue le rôle de la souris.

QUI EST LE CHEF ?

Les canidés, qui comprennent les loups, les chacals, le dingo et tous les chiens domestiques, sont avant tout des animaux faisant partie d'un groupe. En jouant ensemble, les chiots développent petit à petit la plupart des codes sociaux qu'ils utiliseront plus tard pour préserver la hiérarchie et l'organisation de la meute.

LE MEILLEUR AMI DE L'HOMME
La plupart des chiens se comportent envers leur maître comme envers un membre dominant de la meute.

SE FAIRE LES DENTS
Le chiot marron qui joue tout seul mordille l'anneau comme si c'était un os : il se fait les dents et développe les muscles de ses mâchoires.

TIRER À HUE ET À DIA
Le chiot noir et blanc entre en scène et veut se joindre au jeu. Les deux chiots s'arc-boutent et tirent chacun de toutes leurs forces. C'est ainsi que s'y prennent les chiens de meute pour rapporter une grosse proie, par exemple un cerf. Et ils font de même lorsqu'ils se disputent un morceau de viande.

MORDRE LA QUEUE
La dispute continue jusqu'à ce que le chiot marron, plus grand, réussisse à arracher l'anneau. Mais il se lasse bientôt du jouet et préfère mordre la queue de son petit compagnon. Ils jouent toujours, mais la morsure est assez forte pour signifier que le vainqueur ne plaisante qu'à moitié.

C'EST MOI LE CHEF !
Maintenant, les chiots s'ébattent et se mordillent pour jouer, en faisant beaucoup de bruit. Soudain, le noir et blanc donne un coup de dent un peu fort. Le marron se fâche et le jeu tourne à l'affrontement. Museaux froncés et babines retroussées, ils se regardent... en chiens de faïence ! Le marron, plus costaud, garde le dessus pour montrer qu'il est le chef. L'autre reste sur le dos, en signe de soumission.

LA TOILETTE A TOUTES LES VERTUS

Le manteau de fourrure des mammifères est parfait pour les maintenir au chaud et au sec. Mais c'est un nid à poussière et un paradis pour les parasites qui se nourrissent de peau morte ou de sang. Les mammifères doivent donc se lécher, se gratter, se peigner, s'ébrouer, se vautrer dans la boue ou la poussière, prendre des bains, se frotter, s'épouiller et se mordiller pour rester propres, réduire les risques de maladie et nettoyer leurs plaies. Beaucoup d'animaux se nettoient tout seuls, mais la toilette collective entre membres d'une même espèce est assez répandue. Elle a plusieurs fonctions : la propreté, bien sûr, car celui qui aide l'autre nettoie plus facilement les endroits difficilement accessibles, comme le cou et le dos ; la cohésion sociale, aussi, les chefs pouvant exiger de se faire lécher et épouiller par leurs subordonnés ; et ces soins mutuels servent à diffuser l'odeur du groupe à tous ses membres pour qu'ils puissent se reconnaître et repérer les intrus.

GRATTE-MOI LE DOS
L'épouillage collectif chez les babouins sert à se nettoyer mais aussi à situer la place de chacun dans la hiérarchie du groupe.

UNE MÈRE ATTENTIVE
Les jeunes mammifères, en particulier les bébés rongeurs, qui naissent souvent nus et fragiles (p. 32), ne peuvent pas faire leur toilette tout seuls. Cette mère hamster nettoie son petit en le léchant pour que sa fourrure soit propre et sèche : humide, elle se colle à la peau et ne peut garder la chaleur du corps, ce qui signifie, pour ce tout petit animal, refroidissement rapide et risque d'hypothermie.

Le cou et le dessus de la tête sont nettoyés avec les pattes avant.

Les pattes atteignent les endroits difficiles

LE RAT N'EST PAS UNE SALE BÊTE
Même une «sale bête» comme le rat passe beaucoup de temps à lécher sa fourrure et sa peau. Domestiqué, c'est un délicieux compagnon, remarquablement propre. Il se sert de ses dents comme d'un peigne pour démêler et brosser ses poils tandis que ses griffes font tomber les poux et la peau morte. Le rat non domestiqué est porteur de parasites, de puces surtout. De 1346 à 1349, ces puces, qui piquent les humains, ont propagé la bactérie responsable de la peste bubonique. On pense que l'épidémie a décimé la moitié de la population européenne de l'époque.

Les dents servent de peigne à fourrure

Le rat trouve un endroit calme et sûr pour faire sa toilette : il ne veut pas se laisser surprendre par un prédateur. En se contorsionnant, il arrive à se mordiller et à se peigner le dos et les flancs.

BAIN DE POUSSIÈRE
Certains mammifères, comme l'éléphant, se font des «shampooings secs», tout comme les oiseaux pour avoir un plumage impeccable. L'animal se lance de la poussière sur le corps, puis il se frotte, se gratte et s'ébroue pour déloger la saleté et les parasites morts qui sont restés accrochés aux poils. C'est ainsi que le chinchilla entretient sa somptueuse fourrure : il y a beaucoup de sable dans les Andes, en Amérique du Sud où il vit. Le temps et l'énergie passés à se nettoyer en valent la peine ; la fourrure protège l'animal du froid et du vent qui règnent dans ces montagnes.

Longue queue épaisse

Chinchillas prenant un bain de sable

Le ventre et le bas du corps, qui touchent le sol et ramassent la poussière, sont nettoyés avec la bouche et les pattes avant (comparez avec la technique du chat à la page suivante).

Le rat se plie en deux pour se nettoyer le ventre

ON A TOUJOURS BESOIN D'UN PLUS PETIT QUE SOI
Les plis de la peau épaisse du rhinocéros sont des cachettes idéales pour les tiques et autres parasites. Le pique-bœuf aide son hôte en les attrapant et en les mangeant : un repas pour l'oiseau, un nettoyage à domicile pour le rhinocéros. Ce type d'association s'appelle une symbiose.

LE CHAT SE LAVE POUR OUBLIER

Beaucoup de gens se demandent pourquoi le chat domestique passe tellement de temps à sa toilette. Le chat se lèche quand il n'a rien de mieux à faire. A la maison, nourri par ses maîtres, il n'a pas besoin d'aller à la chasse et a tout son temps. La toilette est aussi une activité de substitution : lorsqu'il «rate» un oiseau, le chat s'assoit et se lèche pour faire passer l'humiliation.

COUPLÉ GAGNANT
La toilette mutuelle des chevaux les aide à se débarrasser des poux et des tiques situés dans les endroits inaccessibles, comme le garrot (le haut des épaules) et le haut de la queue. Un cheval peut toujours se gratter et se frotter à son poteau favori, mais une aide extérieure est plus efficace. L'un des chevaux approche l'autre, la bouche légèrement entrouverte, pour signifier que c'est l'heure de la toilette. Les deux se mettent alors cou à cou ou tête à queue et se mordillent mutuellement pendant 5 à 10 mn. Lorsqu'ils sont en bande, la toilette développe des relations d'amitié.

Très souple, le chat peut se lécher les pattes de derrière

QUELLE SOUPLESSE !
Le corps souple et agile du chat lui permet d'atteindre presque tout son corps avec sa gueule. Pour se nettoyer une patte, il est plus reposant d'être couché que de se tenir en équilibre sur les trois autres. Les pattes comptent beaucoup car, si elles sont blessées ou infectées, la mobilité s'en trouve affectée, et avec elle – pour les chats sauvages –, la capacité à chasser et à se nourrir. Les coussins sont débarrassés de la poussière, les griffes sorties et examinées pour vérifier qu'il n'y reste pas de petites souillures.

Patte étendue pour l'équilibre

UNE ROBE BRILLANTE
Les chevaux se débarrassent eux-mêmes des parasites et des crins qui tombent. Mais cela ne suffit pas aux humains. Dans une exposition chevaline, ils donneront leur préférence au cheval qui aura une robe éclatante de propreté et surpassant celles de ses concurrents. Les chevaux, eux, se jugent sans doute sur d'autres critères.

Avec la patte avant humectée de salive, il se nettoie derrière les oreilles

TOILETTE DU MUSEAU
De nombreux mammifères, dont les humains, se lèchent les babines après le repas pour retirer les petits morceaux de nourriture autour de la bouche. Le reste de la face n'est pas aussi facilement accessible à la langue. Le rôle de celle-ci est très important, car avec la salive, elle humecte et nettoie. Le chat lèche donc sa patte avant, la passe en frottant sur le cou, les oreilles, les yeux et les moustaches, pour les nettoyer.

LANGUE DE CHAT
La langue du chat est râpeuse comme du papier de verre à cause de ses papilles hérissées. Celle de l'homme en a aussi, mais elles sont moins dures. La langue «peigne» la fourrure tandis que les petites incisives attrapent, comme des pinces à épiler, les poils cassés, la peau morte, la poussière collée et les parasites. A mesure que la toilette avance, le chat, satisfait, se détend. Les pattes avant, qui servent à nettoyer la face, sont lavées en dernier.

Le chat satisfait s'étend de tout son long

La langue râpeuse «peigne» la fourrure

La fourrure est encore humide de la toilette

La patte postérieure est levée derrière la tête

ET VOILÀ UN CHAT PROPRE !
La fourrure est encore légèrement humide de salive, mais elle sera bientôt sèche et gonflante. La toilette sert aussi à imprégner les poils de sécrétions cutanées cireuses et huileuses pour constituer une barrière semi-étanche aux microbes et à l'eau. Chez les humains, l'utilisation trop fréquente de shampooings décapants risque d'éliminer ces sécrétions naturelles. Les mammifères doivent être propres, mais pas trop !

L'ARRIÈRE-TRAIN
Une des positions les plus caractéristiques de la toilette : la patte arrière levée permet d'atteindre l'abdomen et la région anale. Les moindres particules d'excréments sont nettoyées.

Entrée, plat et dessert : les souris domestiques font un sort rapide au pot de crème, aux oignons et à la bougie durant leurs expéditions nocturnes à la cuisine.

ILS PASSENT LEUR VIE À MANGER

Un gros animal à sang froid comme le serpent peut rester des semaines sans manger. Mais les mammifères, actifs et à sang chaud, ont besoin de beaucoup d'énergie. Celle-ci, tout comme les «matières premières» qui servent à la croissance, à la reproduction et à la bonne marche du corps, provient de la nourriture. S'alimenter est donc vital. Dans la société moderne, les humains passent assez peu de temps à se ravitailler. Lorsque nous courons les supermarchés, le temps nous paraît long et nous oublions que la plupart des mammifères sauvages construisent leur emploi du temps quotidien autour de ce type d'activité. Une des raisons qui les obligent à disposer de beaucoup d'énergie est leur capacité à rester actifs par temps froid, alors que les animaux à sang froid, eux, vivent au ralenti. C'est peut-être pour cela que de nombreux mammifères chassent à l'aube et au crépuscule, avant que les rayons du soleil réchauffent les reptiles, les insectes et autres proies «froides», qui ne peuvent donc s'enfuir. Plus un mammifère est petit, plus il doit s'alimenter, car les petits corps ont proportionnellement plus de surface que les grands et perdent plus de chaleur. Dans les climats froids, les plus petits mammifères n'ont que quelques heures par jour pour se nourrir. Les musaraignes ne font pas grand-chose d'autre que manger frénétiquement, faire la sieste et recommencer : elles absorbent tous les jours leur propre poids de nourriture et peuvent mourir de faim en trois heures ! À l'autre bout de l'échelle, côté carnivores, le lion n'a besoin quotidiennement que du quarantième de son poids environ. La bouche et les dents sont de bons indices du régime alimentaire (p. 50), tout comme les griffes (p. 58).

UN GRAND COUP DE LANGUE
Le plus grand mammifère terrestre, la girafe, tire une immense langue noire de 30 cm environ. Un mâle de cette espèce peut brouter la végétation à plus de 5,50 m de haut. La langue attrape les feuilles et les petites branches, les mettant à portée de bouche. Les canines inférieures ont des sillons profonds pour effeuiller les rameaux.

AVEC LES «MAINS»
Le spectacle du tamias tenant la nourriture entre ses pattes avant est classique dans l'est de l'Amérique du Nord et en Extrême-Orient. Ce membre naturellement curieux de la famille des écureuils fréquente les aires de pique-nique des parcs dans l'espoir de trouver des restes de friandises. Il manipule la nourriture de manière très efficace : tout en mangeant, il la fait tourner rapidement pour en détacher des petits morceaux ou, lorsqu'il s'agit d'une noix, chercher des dents le point faible où la casser. Comme beaucoup d'autres rongeurs, il transporte ses réserves jusqu'à son terrier dans les poches de ses joues (p. 52).

Tamias mangeant des noix

Les pattes avant font tourner la nourriture

DES FESTINS DE GRAINS

A part l'homme, les souris domestiques sont sans doute les plus grands granivores (mangeurs de grains) du monde. Même dans la nature, ces petits rongeurs ont un régime étonnamment varié, qui comprend aussi bien graines, fruits, feuilles, bourgeons et autres matières végétales qu'insectes et diverses petites créatures. Dans les habitations humaines et autour, elles sont encore moins difficiles : le pain, le papier, la ficelle, le beurre, le savon, la bougie (voir page ci-contre) et d'autres matières grasses ou cireuses font l'affaire, sans oublier, bien sûr, le fameux fromage des souricières ! On a même vu des souris envahir les chambres froides des bouchers et faire des festins de viande froide ou congelée. Elles rongent et cisaillent leur nourriture avec leurs longues incisives de devant, très coupantes et typiques de ces espèces (p. 50). Elles se servent souvent des pattes antérieures pour tenir les petits morceaux.

Leurs incisives inférieures laissent deux sillons caractéristiques.

Les graines sont tenues dans les pattes avant

Souris domestiques mangeant des grains

Elle file vers sa cachette secrète... (p. 52)

Les souris se calent sur leurs pattes arrière lorsqu'elles se servent de celles de devant pour tenir la nourriture

Même quand elle mange, la souris est sur le qui-vive

DES GRIFFES À TOUT FAIRE

L'ours malais, comme la plupart des ses cousins (p. 50), est omnivore (il mange de tout). C'est le plus petit des ours. Son poids plume et ses longues griffes recourbées (par rapport aux autres espèces) en font un excellent grimpeur et lui permettent de «gaffer» les fruits mûrs sur les branches. Il arrache aussi l'écorce des arbres pour déloger les larves et les nids de termites et d'abeilles qui se trouvent dessous.

UN BON COUP DE FOURCHETTE

Quand le physique ne suffit pas, le cerveau du chimpanzé prend la relève. Ayant trouvé des termites logés tout au fond d'un nid solide, notre plus proche «cousin» s'empare d'une brindille qu'il introduit à l'intérieur. Les termites s'y accrochent et le singe les repêche. Il va pouvoir lécher ce mets savoureux. Quelques autres mammifères et certains oiseaux se servent aussi d'«outils» dans des circonstances similaires.

DÎNER DE POISSON

La loutre mange rarement sa pêche dans l'eau. Elle va sur la berge et maintient sa proie glissante avec ses pattes de devant tout en déchirant la chair avec ses canines pointues (p. 50). Les loutres mangent aussi des petits mammifères, des oiseaux et des grenouilles.

DES DENTS QUI EN DISENT LONG

Les animaux actifs à sang chaud ont besoin d'absorber assez de nourriture pour entretenir leur énergie vitale. Dans la nutrition, les mâchoires et les dents jouent grand rôle : elles attrapent la nourriture, la coupent en petits morceaux s'il le faut, l'écrasent et la broient. Les dents des mammifères sont constituées d'une pulpe interne vivante, avec nerfs et vaisseaux, et d'une paroi externe d'ivoire résistant recouvert d'émail. À partir de ce schéma simple, se sont développées des dents aux fonctions et aux formes incroyablement variées : hachoirs, petits ciseaux, broyeurs… Pour étudier l'évolution, les dents sont extrêmement utiles : souvent bien conservées à l'état fossile, elles sont un des rares éléments permettant d'établir des comparaisons entre espèces éteintes et espèces vivantes (pp. 12-15).

Crâne d'ours noir

Canine

Molaire

OURS MANGE-TOUT
Les ours sont classés parmi les carnivores (p. 9). Mais en réalité, certaines espèces se nourrissent, selon les saisons, de poissons, de rongeurs, de faons ou de bourgeons, de fruits, de baies... et du miel légendaire. Les dents des ours sont adaptées en conséquence : canines et incisives pointues pour la viande et molaires pour broyer les substances végétales.

Gâteau de miel

Chair de poisson

La défense du narval mâle mesure 3 m. C'est une dent gauche hypertrophiée dont la fonction n'est pas très claire.

L'ÉNIGME DU PANDA
Le grand panda a longtemps intrigué les spécialistes. Sa morphologie le classe dans l'ordre des carnivores, mais son régime alimentaire en fait plutôt un herbivore : il mange surtout du bambou mais apprécie aussi les insectes, les petits mammifères et les charognes. On commence à penser que le panda est sans doute le plus proche cousin de l'ours.

Très longues incisives de couleur orange

UNE BOUCHÉE D'HERBE
Le cheval possède deux principaux groupes de dents. Sur le devant, avec l'aide des lèvres, de «petites» incisives tranchantes coupent l'herbe comme une tondeuse à gazon. Au fond, de grosses molaires plates la broient et en extraient le suc.

Mandibule de panda

Grosse dent aplatie, pour mâcher les plantes, typique des herbivores

Mandibule de castor canadien

Petite canine (seulement chez le mâle)

Incisives

LES DENTS LONGUES
Le castor est un rongeur (Rodentia, p. 9). Comme ses congénères, il a sur le devant de la mâchoire de longues incisives en ciseaux. Elles s'usent continuellement au contact du bois et des végétaux durs qu'il ronge. Heureusement, elles ne cessent jamais de pousser, sinon l'animal mourrait de faim.

Grosse molaire

Herbe

Bambou, principale nourriture du panda

Grosse canine, typique des carnivores

Ecorce et bourgeons : le menu du castor

Mandibule de cheval

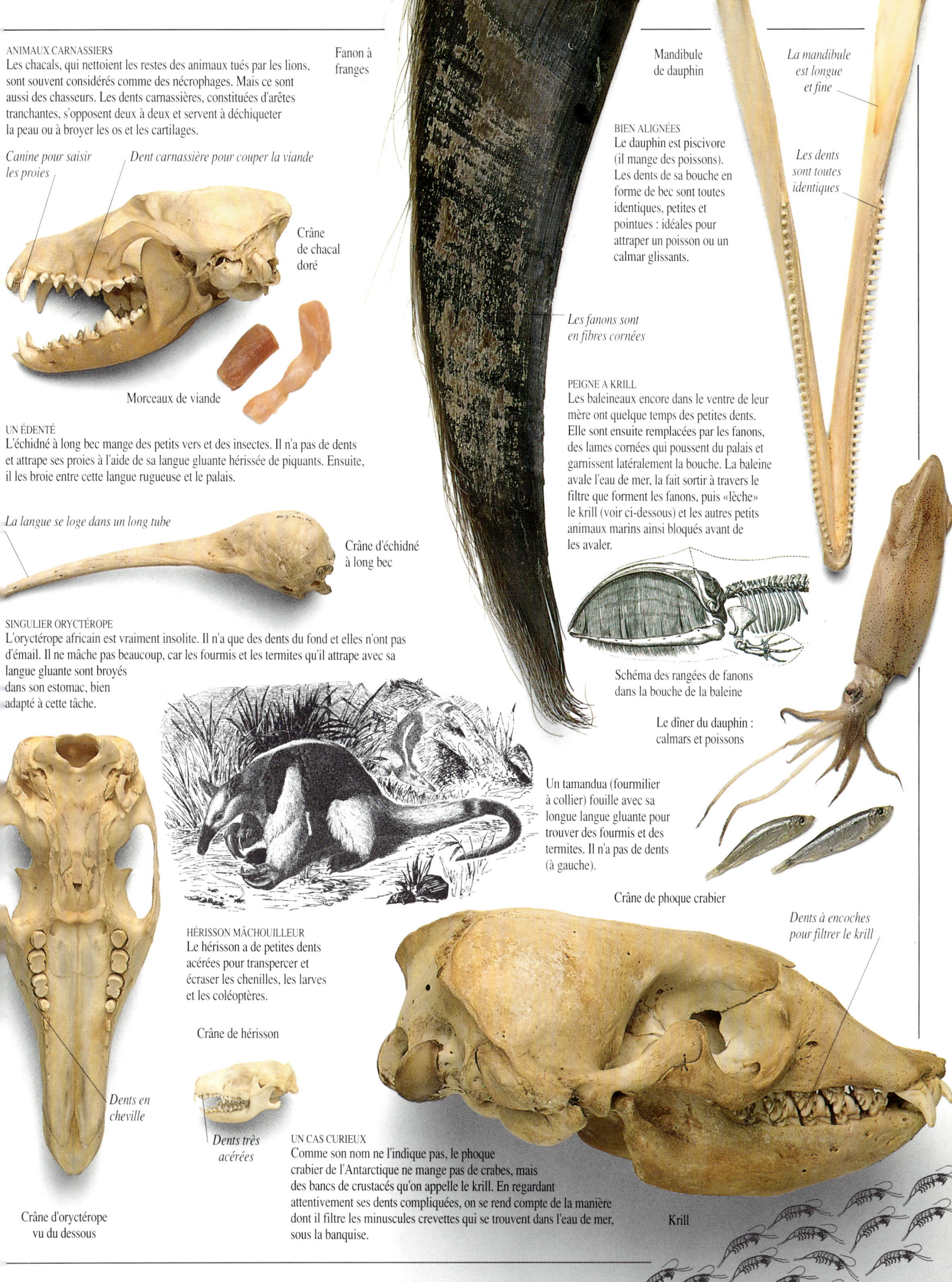

ILS STOCKENT POUR NE PAS DÉPÉRIR

Rares sont les endroits où l'on trouve de la nourriture en permanence toute l'année. Nos lointains ancêtres avaient compris la nécessité de faire des provisions. Assurer l'avenir en faisant des cultures et en conservant les récoltes a donné naissance à l'agriculture, il y a environ 10 000 ans. Mais, depuis des millions d'années, d'autres mammifères faisaient déjà des réserves en période d'abondance pour ne pas dépérir en cas de disette. Les graines sont les vivres les plus recherchés : dans chacune d'elles, la plante mère a stocké des éléments très nutritifs, indispensables à l'embryon pour germer. Elles constituent donc un repas conditionné tout prêt et très nourrissant. Les «épargnants», en retour, rendent service aux plantes : un animal qui oublie les graines qu'il a enterrées aide les plantes à se disséminer. La viande pose un problème plus délicat parce qu'elle a tendance à pourrir, mais certains mammifères comme le renard l'enterrent et s'en contentent tout à fait. Le rusé goupil, bien sûr, éparpille ses réserves dans plusieurs cachettes : ainsi, lorsqu'un autre animal en trouve une, il ne perd pas tout.

TRANSPORTER SES PROVISIONS DANS SES JOUES

Le hamster doré est un rongeur (p. 9). Comme la plupart de ses congénères, en période d'abondance, il amasse la nourriture dans des cachettes. La peau de ses joues est lâche et forme des poches extensibles, les abajoues, qui lui permettent de transporter ses victuailles. De nombreux mammifères, dont l'ornithorynque, utilisent la même technique.

2 UN GRAND MARCHÉ
Le hamster enfourne vite les cacahuètes dans sa bouche et les pousse avec la langue au fond des abajoues. Il s'arrête de temps à autre pour s'assurer qu'il n'y a pas de danger, puis il recommence précipitamment.

Les abajoues commencent à se distendre

Abajoues vides

1 UNE BONNE AUBAINE
Cette façon de remplir ses abajoues se rencontre aussi bien chez le hamster doré, animal familier, que chez ses cousins sauvages d'Europe de l'Est et d'Asie centrale. Celui-ci a de la chance : il vient de trouver un tas de cacahuètes.

Tas de cacahuètes

52

LES PAQUETS DU PACA
Le paca est un rongeur nocturne de la taille d'un petit chien, qui vit dans le nord de l'Amérique du Sud. Il doit sa tête carrée aux os de ses joues en forme de bol dont on a cru un moment qu'elles servaient à emmagasiner de la nourriture. Mais en réalité, leur fonction exacte n'est pas très claire. Certains pensent qu'elles servent à amplifier le son produit par le paca.

Crâne de paca

Fosses nasales

Dents de devant

Orbite

Os des joues très développés

STOCKER LES RÉSERVES

Les mammifères utilisent toutes sortes de méthodes et parcourent de longues distances pour stocker la nourriture, source d'énergie et de subsistance. Les procédés employés ont évolué en fonction des ressources.

OÙ A-T-IL LA TÊTE ?
Le renard roux dissimule les surplus de nourriture qu'il garde pour plus tard. Mais il ne réussit pas toujours : un autre animal peut les découvrir, et lui-même oublie parfois où il les a mis.

GARDE-MANGER SUSPENDU
La panthère chasse en petit nombre certains animaux bien spécifiques. Elle ne peut pas manger en une seule fois une grosse proie comme l'impala, aussi lui arrive-t-il d'en mettre de côté les restes dans un arbre, hors de portée de la hyène affamée.

POUR PASSER L'HIVER
Le petit loir appelé muscardin mange gloutonnement des fruits d'automne pour se constituer des réserves de graisse sous la peau. Cela lui procure assez d'énergie pour hiberner pendant six mois.

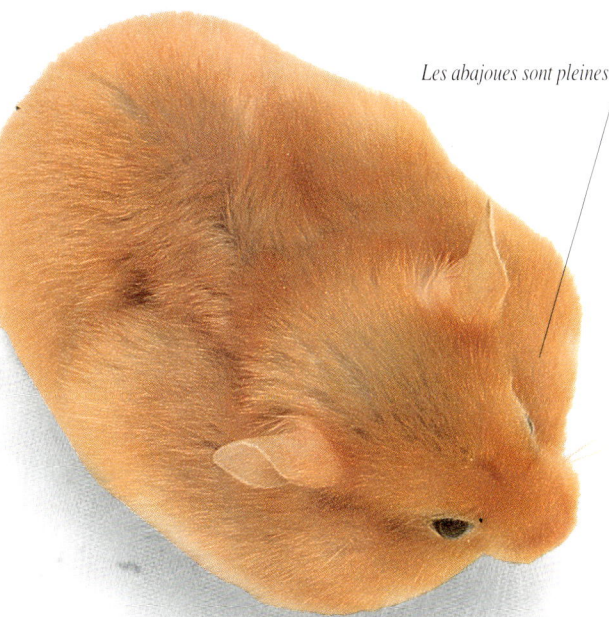

Les abajoues sont pleines

3 SACS À PROVISIONS REMPLIS
Comme au retour du marché, lorsqu'on arrive chez soi en titubant avec un sac lourd au bout de chaque bras, le hamster a rempli ses abajoues à ras bords. Maintenant, il est temps de quitter cet endroit exposé et risqué pour un si petit rongeur sans défense.

4 DÉBALLAGE DE LA MARCHANDISE
Rentré au terrier, le hamster « vide ses poches ». Il se sert de ses pattes avant comme de mains pour faire sortir la nourriture de ses abajoues par un « massage » et la ranger dans le garde-manger souterrain. Dans la nature, un seul hamster peut amasser jusqu'à 60 kg de ravitaillement – le poids d'un humain adulte !

Le hamster se sert de ses pattes avant pour faire sortir les cacahuètes de ses abajoues

53

CERTAINS MAMMIFÈRES NICHENT AUSSI

Dans le monde animal, il existe des nids de toutes sortes. Les nids d'oiseaux, que nous connaissons bien, et les nids d'insectes comme les termites, qui comptent parmi les constructeurs les plus actifs et les plus minutieux. Mais bon nombre d'espèces mammifères font aussi des nids remarquables, à découvert ou dans des terriers (p. 56) : écureuils en Europe, rats à poche en Amérique du Nord, rats du Karoo en Afrique du Sud et péramèles en Australie. Un des mammifères constructeurs les plus extraordinaires est le grand léporille. Ce rongeur très rare, de la taille d'un lapin, édifie un solide nid de 1 m de haut sur 2 m de large avec des branches, des brindilles et même des pierres enchevêtrées. Il vit dans les régions rocailleuses du sud de l'Australie où il est difficile de creuser, et ce nid le protège sans doute des prédateurs. Il a malheureusement disparu du continent et subsiste seulement dans une île au large de la côte sud.

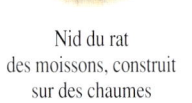

Nid du rat des moissons, construit sur des chaumes

LA MAISON DE L'ÉCUREUIL GRIS
Au cours d'une promenade hivernale dans les forêts aux branches dénudées, en Angleterre ou en Amérique du Nord, on peut apercevoir, blottis dans les fourches des arbres, des ballots de petites branches de la taille d'un ballon de football. Ce sont des nids d'écureuils gris. Certains sont anciens et ont été désertés ; d'autres, plus légers, ne sont habités que l'été. Mais quelques-uns ont un occupant comme celui-ci, qui n'hiberne pas et y vit toute l'année. Les écureuils restent actifs tout l'hiver (surtout en milieu de journée) et ne peuvent survivre plus de quelques jours sans nourriture. La nuit, ou quand il fait mauvais, ils ne sortent pas du nid, qui est un enchevêtrement de brindilles et de petites branches parfois feuillues, tapissé d'écorce, d'herbe et d'autres matériaux ramassés par le propriétaire. Cette maisonnette mesure 45 cm de diamètre, avec une chambre intérieure de 30 cm de large. Au printemps, les bébés écureuils naissent dans des nids «pouponnières» spéciaux.

Matériaux pour faire un nid

Laine, Plume, Herbe sèche, Épis de graminées, Fougère, Paille, Feuilles mortes, Cupules, Feuilles fraîches, Petite branche, Écorce

La bouche pleine de paille, le mérione retourne à son nid

ON SE COUCHE...
Dans la nature, le mérione, un petit rongeur du désert, creuse des terriers à l'abri de la chaleur et de la sécheresse, puis les tapisse de matériaux végétaux lacérés. En captivité, la cage l'empêche de creuser, mais il peut continuer à installer sa litière : ici, il rassemble les matériaux nécessaires.

PREMIER JOUR
La paille a été donnée telle quelle à deux mériones, avant leur réveil du soir.

DEUXIÈME JOUR
Une nuit de travail avec les dents donne un début de forme au nid.

TROISIÈME JOUR
Quelques autres coups de dents plus tard, le nid gonfle et prend forme.

... COMME ON FAIT SON NID
Les écureuils gris se servent de tout ce qui peut les aider à faire leur nid. Dans les villes, comme il y a beaucoup de détritus, on en a vu se servir de sacs en plastique, de pailles à boire et de journaux.

54

Coupe d'un nid d'écureuil gris

Le nid d'hiver est solide, à la différence du nid d'été, plus léger

Intérieur tapissé et douillet

Couche extérieure de brindilles et de feuilles

Nid construit dans une fourche d'arbre

L'écureuil se tourne et se retourne pour arrondir le nid

ILS SE TERRENT POUR SE REPOSER ET SE REPRODUIRE

Prairies, pampas, savanes, steppes... Les plaines herbeuses de toutes sortes sont le domaine des mammifères qui creusent des terriers. Comme les arbres, et donc les abris, y sont rares, le principal refuge est le sous-sol. Les chiens de prairie et les tamias d'Amérique du Nord, les viscaches et les maras d'Amérique du Sud, les rats-taupes d'Afrique ainsi que les sousliks et les mériones d'Asie creusent tous des galeries. Ils y trouvent la sécurité, un endroit pour faire un nid où se reposer et se reproduire, à l'abri de la chaleur et du froid. Presque tous doivent sortir de temps en temps pour se nourrir : ils sont surtout herbivores, et les plantes ne poussent pas dans l'obscurité souterraine. Mais certains, comme les rats-taupes, aveugles, peuvent rester en permanence sous terre : ils rongent les racines, les bulbes, les tubercules et autres parties cachées des végétaux. De même, les insectivores comme les taupes.

SOUS LA TAUPINIÈRE
Championne des mammifères fouisseurs, la taupe européenne vit, se nourrit, dort et se reproduit sous terre. Les taupinières, ces monticules de terre fraîche, sont les seuls indices apparents du système compliqué de galeries et de chambres qu'elle creuse à 1 m ou plus de la surface, et qui peut s'étendre sur 100 m de long ! La taille de ce réseau dépend beaucoup de la nature du sol : dans une pâture regorgeant de vers et d'insectes, la taupe a moins besoin de creuser que dans un sol rocailleux ou sablonneux, plus pauvre. Elle profite des « patrouilles » d'entretien qu'elle effectue dans ses galeries pour se nourrir des insectes qui tombent des parois.

ENTRÉE DONNANT SUR LA BERGE
Après le repas, l'ornithorynque se retire dans un terrier au bord de la rivière. Ces terriers de repos mesurent quelques mètres de long et se trouvent habituellement sous des racines d'arbres. Le terrier de reproduction, lui, est beaucoup plus long et, en y entrant, la femelle gravide dépose de la boue de loin en loin pour le protéger des inondations, des intrus, et conserver la chaleur. A son extrémité se trouve le nid tapissé d'herbe où elle va pondre ses œufs (p. 31).

AU CHAUD SOUS LA NEIGE
L'hiver, lorsque la nuit arctique se fait presque totale, la mère ourse polaire creuse une tanière dans une congère. Environ un mois plus tard, ses petits naissent : elle va rester ici trois mois à les allaiter. Au printemps, toute la famille fait surface : les oursons bien nourris et dodus, et la mère, amaigrie et affamée, à l'affût d'un phoque, son premier repas depuis quatre mois.

LE TOUR DU PROPRIÉTAIRE

1/ La forteresse : ce n'est pas une taupinière quelconque, mais le monticule le plus important et le plus durable, au-dessus du nid principal.

2/ Le nid : il est tapissé d'herbes, de feuilles et d'autres matières douces. C'est ici que la femelle donne naissance, en moyenne, à quatre bébés roses.

3/ La mère : afin de ramasser des matériaux pour le nid, elle entreprend de dangereux voyages à la surface, plutôt la nuit.

4/ Circuit de surface : certaines galeries courent juste au-dessous de la surface du sol.

5/ Ami ou ennemi ? Les taupes européennes sont solitaires. Si l'une a le malheur d'entrer chez l'autre, elle est immédiatement chassée, sauf au début du printemps, lorsqu'elle peut devenir un partenaire sexuel.

6/ Le garde-manger : la taupe y entrepose, surtout à l'automne, les vers qu'elle a paralysés d'une morsure venimeuse.

7/ Galeries entrecroisées : elles partent dans toutes les directions.

Plan de la visite

DES DOIGTS PLEINS DE FANTAISIE

À l'origine, tous les mammifères marchaient probablement sur quatre pattes, chacune munie de cinq doigts. Aujourd'hui, il y a tous les cas de figures imaginables. Le cheval marche «sur la pointe des pieds»... qui ont seulement un doigt chacun. Les musaraignes, elles, ont gardé cinq doigts. En général, les mammifères à longues pattes sont véloces, tandis que les pattes courtes témoignent plutôt de la force. Les chauves-souris et les phoques, eux, possèdent de larges membranes que sous-tendent les doigts pour progresser dans l'air ou dans l'eau. Les griffes, les ongles, les sabots et les coussins, entre autres, terminent les doigts.

CINQ DOIGTS
A l'origine, les membres des mammifères se terminaient par cinq doigts, comme nos mains et nos pieds. Beaucoup de rongeurs, de primates et de carnivores ont conservé ce schéma pentadactyle. Les mammifères à sabots ont perdu des doigts différents selon les groupes. Ici, chaque os, ou groupe d'os, est toujours représenté de la même couleur. Les noms entre parenthèses désignent les os correspondants pour les pieds ou les membres inférieurs.

LE SABOT
Le sabot du zèbre est en corne dure et protectrice, avec un coussin amortisseur en graisse (coussin plantaire) entre le sabot et les os du doigt.

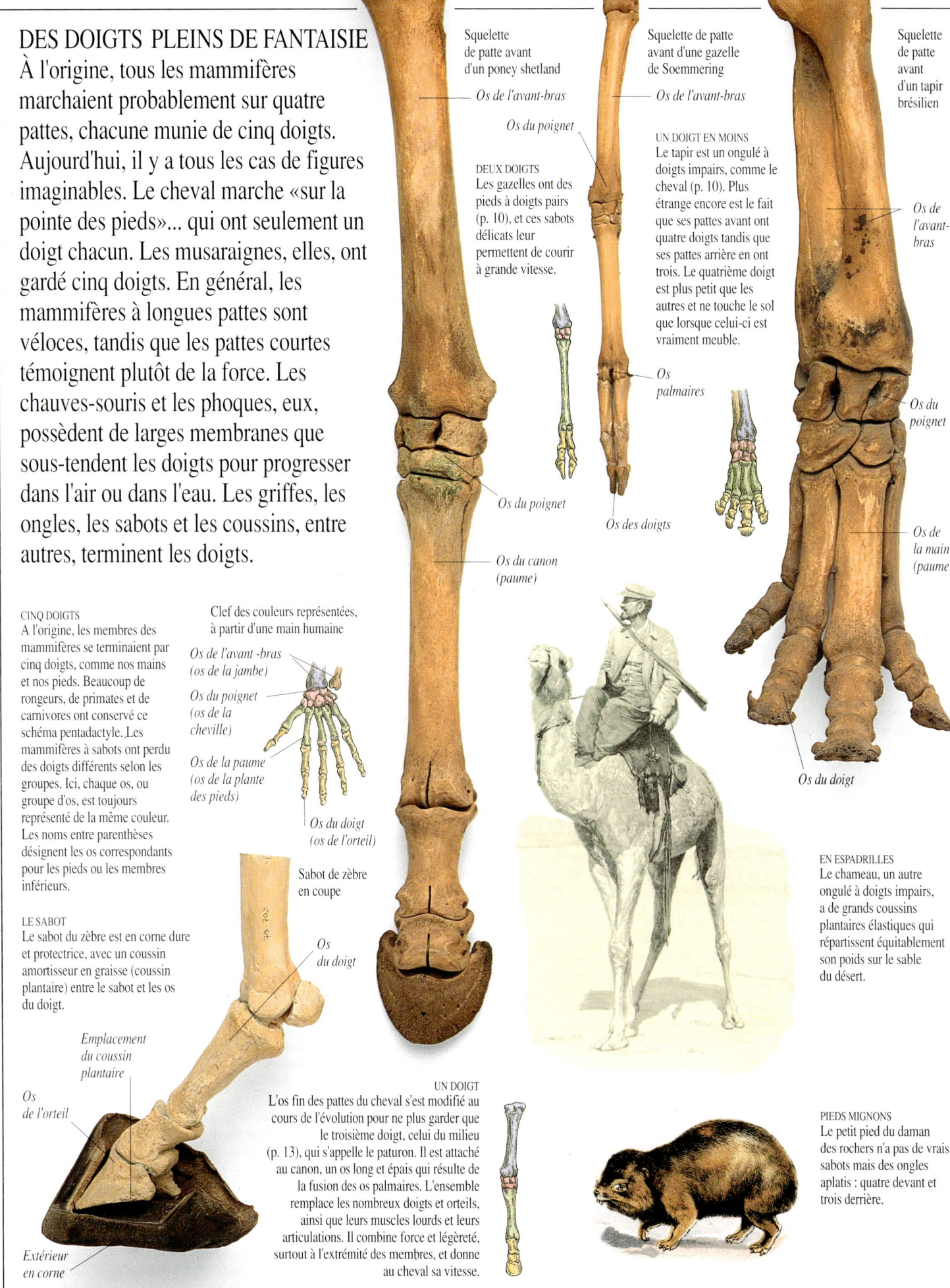

Squelette de patte avant d'un poney shetland
- Os de l'avant-bras
- Os du poignet
- Os du canon (paume)

DEUX DOIGTS
Les gazelles ont des pieds à doigts pairs (p. 10), et ces sabots délicats leur permettent de courir à grande vitesse.

Squelette de patte avant d'une gazelle de Soemmering
- Os de l'avant-bras
- Os palmaires
- Os des doigts

UN DOIGT EN MOINS
Le tapir est un ongulé à doigts impairs, comme le cheval (p. 10). Plus étrange encore est le fait que ses pattes avant ont quatre doigts tandis que ses pattes arrière en ont trois. Le quatrième doigt est plus petit que les autres et ne touche le sol que lorsque celui-ci est vraiment meuble.

Squelette de patte avant d'un tapir brésilien
- Os de l'avant-bras
- Os du poignet
- Os de la main (paume)
- Os du doigt

Clef des couleurs représentées, à partir d'une main humaine
- Os de l'avant-bras (os de la jambe)
- Os du poignet (os de la cheville)
- Os de la paume (os de la plante des pieds)
- Os du doigt (os de l'orteil)

Sabot de zèbre en coupe
- Os du doigt
- Emplacement du coussin plantaire
- Os de l'orteil
- Extérieur en corne

UN DOIGT
L'os fin des pattes du cheval s'est modifié au cours de l'évolution pour ne plus garder que le troisième doigt, celui du milieu (p. 13), qui s'appelle le paturon. Il est attaché au canon, un os long et épais qui résulte de la fusion des os palmaires. L'ensemble remplace les nombreux doigts et orteils, ainsi que leurs muscles lourds et leurs articulations. Il combine force et légèreté, surtout à l'extrémité des membres, et donne au cheval sa vitesse.

EN ESPADRILLES
Le chameau, un autre ongulé à doigts impairs, a de grands coussins plantaires élastiques qui répartissent équitablement son poids sur le sable du désert.

PIEDS MIGNONS
Le petit pied du daman des rochers n'a pas de vrais sabots mais des ongles aplatis : quatre devant et trois derrière.

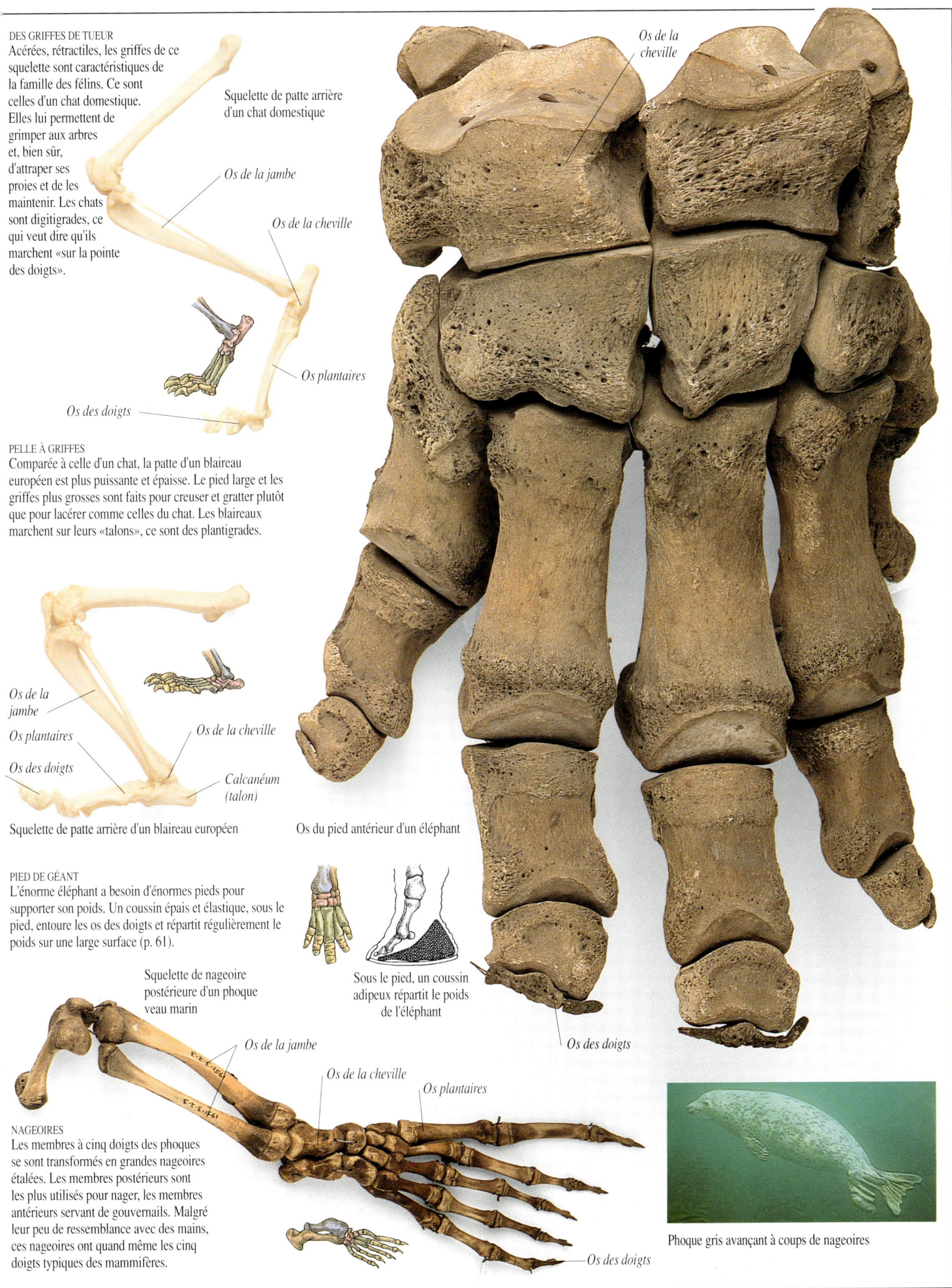

DES GRIFFES DE TUEUR
Acérées, rétractiles, les griffes de ce squelette sont caractéristiques de la famille des félins. Ce sont celles d'un chat domestique. Elles lui permettent de grimper aux arbres et, bien sûr, d'attraper ses proies et de les maintenir. Les chats sont digitigrades, ce qui veut dire qu'ils marchent «sur la pointe des doigts».

Squelette de patte arrière d'un chat domestique
Os de la jambe
Os de la cheville
Os plantaires
Os des doigts

PELLE À GRIFFES
Comparée à celle d'un chat, la patte d'un blaireau européen est plus puissante et épaisse. Le pied large et les griffes plus grosses sont faits pour creuser et gratter plutôt que pour lacérer comme celles du chat. Les blaireaux marchent sur leurs «talons», ce sont des plantigrades.

Os de la jambe
Os plantaires
Os de la cheville
Os des doigts
Calcanéum (talon)
Squelette de patte arrière d'un blaireau européen

PIED DE GÉANT
L'énorme éléphant a besoin d'énormes pieds pour supporter son poids. Un coussin épais et élastique, sous le pied, entoure les os des doigts et répartit régulièrement le poids sur une large surface (p. 61).

Os du pied antérieur d'un éléphant
Sous le pied, un coussin adipeux répartit le poids de l'éléphant
Os de la cheville
Os des doigts

NAGEOIRES
Les membres à cinq doigts des phoques se sont transformés en grandes nageoires étalées. Les membres postérieurs sont les plus utilisés pour nager, les membres antérieurs servant de gouvernails. Malgré leur peu de ressemblance avec des mains, ces nageoires ont quand même les cinq doigts typiques des mammifères.

Squelette de nageoire postérieure d'un phoque veau marin
Os de la jambe
Os de la cheville
Os plantaires
Os des doigts

Phoque gris avançant à coups de nageoires

59

ON LES SUIT… AUX TRACES

En nous promenant dans la nature, nous sentons la présence de nombreux animaux. Les oiseaux volent, les insectes bourdonnent et, à la surface de l'eau, les poissons gobent les moucherons. Mais où sont donc les mammifères ? Rapides, actifs, les sens aigus (p. 16), ils se sauvent à notre approche, car ils nous prennent pour de gros animaux balourds et dangereux. Quant aux mammifères nocturnes, ils sont cachés ou endormis. Nous avons beau être nous-mêmes des mammifères, nous avons rarement le temps et la patience de guetter nos cousins sauvages. Le plus souvent, seules les traces de leur passage nous indiquent leur présence : empreintes de pas, traînées laissées dans le sol par un ventre ou une queue, restes de nourriture avec des marques de dents, crottes, entrées de terriers avec de la terre fraîchement creusée, touffes de poils accrochées à des branches ou à des épines, bois (p. 63) et autres dépouilles d'animaux qui ont mué. Les traces de pas présentées sur ces deux pages sont de taille réelle : les animaux ont été incités, avec de la nourriture, à marcher sur un tampon d'encre non toxique, puis sur du papier. Cette technique ne fait pas apparaître les traces de griffes, habituellement visibles dans la boue ou dans la neige. Mais l'espacement et la profondeur des empreintes nous permet de déterminer la vitesse à laquelle se déplaçait chaque animal.

MINET DIGITIGRADE
Le chat domestique est digitigrade (il marche sur les doigts, p. 59) et ses coussins digitaux sont bien séparés de la sole plantaire trilobée, ou coussin intermédiaire. Aucune marque de griffes n'est visible : tant qu'elles ne servent pas, elles restent dans leurs fourreaux. On ne voit pas non plus de marque du premier doigt des pattes antérieures : il est trop haut pour laisser son empreinte. Les traces des pattes avant et arrière montrent donc quatre empreintes de doigt, à peu près identiques.

IL COURT, IL COURT, LE LAPIN…
Lorsqu'il est assis ou qu'il sautille doucement, le lapin laisse de longues traces caractéristiques avec ses pattes arrière tandis que ses pattes avant laissent des empreintes circulaires. Lorsqu'il court, la différence est moins marquée, car il a tendance à ne s'appuyer que sur l'extrémité de ses pattes arrière.

PIEDS FENDUS
Les animaux qui aiment la boue laissent de belles empreintes, surtout s'ils sont lourds. Un bison d'une demi-tonne a laissé cette empreinte nette de pied ou «sabot fendu» qui indique son appartenance aux artiodactyles, ou mammifères ongulés à doigts pairs (p. 10).

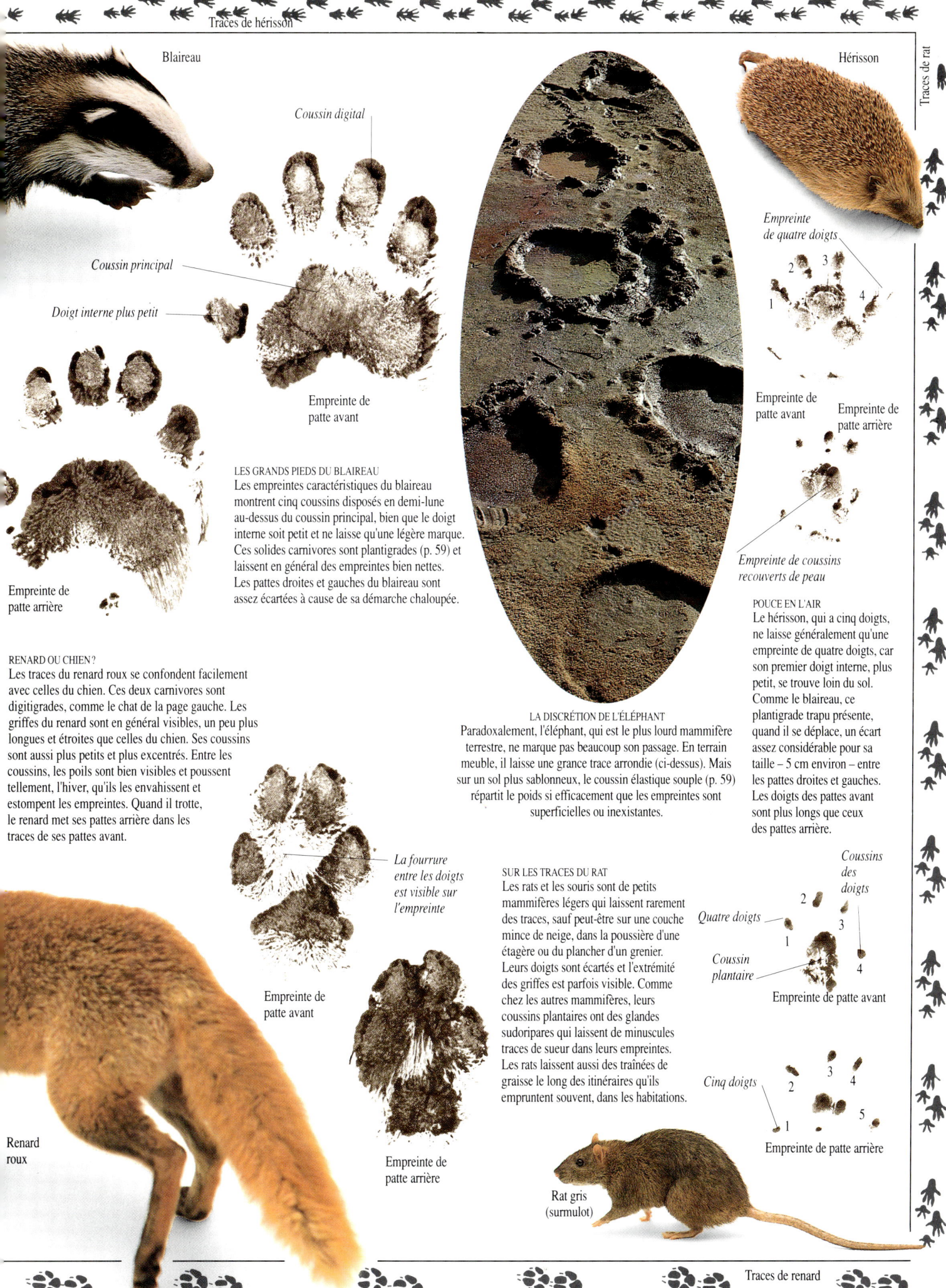

DES INDICES POUR MIEUX FAIRE CONNAISSANCE

Le contact avec la nature se limite, pour la plupart d'entre nous, au jardin, au zoo ou à une promenade en forêt de temps à autre. Ce manque de familiarité engendre une sorte de cécité : lorsque nous sommes dehors, nous regardons autour de nous, mais sans voir les indices de la vie qui nous entoure. Pourtant, il existe encore dans le monde des peuplades pour lesquelles la nature est parlante. Ces hommes identifient immédiatement la moindre trace de dent, la moindre crotte. Ce sont ces indices qui vont les conduire à la viande pour se nourrir, aux os pour fabriquer des outils et aux peaux pour confectionner des vêtements et des abris.

Les Indiens se fient à leur connaissance pour trouver leur nourriture.

CES OS QUI RESTENT…
Les os, les dents, les cornes, les bois et les autres parties dures du corps des mammifères durent plus longtemps que la chair et les organes mous, qui sont mangés par les prédateurs ou qui se décomposent. Pour un œil exercé, une fracture ou une bosse à tel ou tel endroit peuvent indiquer la manière dont l'animal est mort. Des dents usées peuvent signifier que leur propriétaire était vieux et faible et qu'il est peut-être mort de maladie.

CRÂNE CORNU
La boîte crânienne est conçue pour protéger le cerveau et même chez ce vieux mouton, elle n'a pas été brisée. De petits nécrophages s'y sont glissés et en ont nettoyé les os.

LES CROTTES MARQUENT LE TERRITOIRE
De nombreux mammifères s'arrêtent à intervalles réguliers pour déposer leurs excréments. C'est souvent une façon de marquer leur territoire.

Crottes de lapin

TRACES D'ÉCUREUIL
Les écureuils dépouillent les pommes de pin de leurs écailles pour prendre les bonnes graines qui se trouvent dessous.

Pommes de pin rongées par un écureuil

PETITES CROTTES DE LAPIN
Avec leurs crottes, les lapins marquent olfactivement leur territoire.

Trou rond fait par une souris domestique

CASSE-NOISETTES
La coque de la noisette est très dure mais, à cause de l'amande délicieuse qui se trouve à l'intérieur, le jeu en vaut la chandelle. Divers mammifères s'y attaquent de plusieurs façons.

Noisette proprement cassée en deux par un écureuil adulte

Trou irrégulier sur le côté fait par un mulot à collier

Coquilles rongées par un rat

COQUILLES VIDES
Sur la plage, un rat gris a rongé proprement la coquille de ces bigorneaux pour en manger les occupants.

TRACES DE DENTS
Même lorsqu'ils ne sont pas en train de manger, les rongeurs ont la manie de grignoter tous les matériaux qui tombent sous leurs incisives tranchantes comme des ciseaux (p. 50).

Crottes de chevreuil

Câble électrique grignoté par un rongeur

CROTTES DE CERF
Les cerfs consomment beaucoup de substances à faible pouvoir nutritif et laissent donc derrière eux de grandes quantités de déjections.

COUPURES DE COURANT
Les rats et les souris rongent parfois les câbles électriques parce que certaines matières plastiques les attirent. Cela peut avoir de graves conséquences : l'animal risque de s'électrocuter et de déclencher des incendies et des coupures de courant.

Mandibule de rongeur : longues incisives

Dent d'herbivore : surface plate pour broyer

VERTÈBRE DÉLAVÉE
Nettoyée et blanchie par la mer, cette vertèbre (partie de la colonne vertébrale) d'otarie à fourrure a été rejetée sur la côte namibienne bien nommée «côte du Squelette», au sud-ouest de l'Afrique. L'eau de mer salée a provoqué une corrosion chimique, dissolvant les substances tendres et révélant la structure interne de l'os.

Vertèbre d'otarie à fourrure

Mandibule de carnivore : dents carnassières

BOUCHES INUTILES
Les mâchoires et les dents sont rarement mangées par les prédateurs, car ces dernières sont très dures et leurs racines enchâssées dans les os des mâchoires.

Les canaux internes de l'os sont visibles

MORT NATURELLE ?
En Angleterre, dans les régions où le réseau routier est très développé, environ 50 % des morts de renards sont causées par les voitures. Ces os ont été retrouvés près d'une nationale. Le renard a peut-être été heurté par une voiture, puis s'est traîné plus loin avant de mourir.

LES BOIS DU GUERRIER
Les bois du chevreuil tombent et repoussent chaque année. Ceux-ci portent les marques des duels avec d'autres mâles (p. 26) et du frottement contre les arbres, l'été, pour marquer le territoire.

Bois de chevreuil

Pelvis (os du bassin)

Fracture

Os des membres

UN AMAS D'AILES DE PAPILLONS
Ceci indique la proximité d'une chauve-souris : elles ont un faible pour le corps juteux des papillons de nuit, mais dédaignent les ailes, trop sèches qui s'amassent en tas, sous leur perchoir.

Endroit où les bois sont fixés sur le crâne

TOUFFES DE FOURRURE
Le fil de fer barbelé, l'équivalent artificiel des haies épineuses, retient des touffes de la fourrure des animaux qui le traversent. La hauteur à laquelle la fourrure reste accrochée et la taille du trou à travers lequel est passé l'animal sont des indices importants, de même que la couleur et la nature des poils.

Fourrure de renard

Laine de mouton

Fourrure de lapin

63

INDEX

A

Allaitement 33, 36-37
Andouillers 14, 26, 62-63
Ane 10
Antilope 10, 58
Antilope cervicapre 26
Artiodactyles *voir* Mammifères à doigts pairs
Atèle 29
Audition 16-17

B

Babouin 16, 44
Baleine 10, 20, 29, 51
Bandicot 8, 54
Belette 9
Bétail 10, 35
Bison 60
Blaireau 9, 40, 59, 61
Borhyaena tuberata 13
Bovins 10

C

Cachalot 10
Camouflage 20-23, 29
Campagnol 9, 22-23
Campagnol aquatique 21
Canidés 43
Carnivores 9, 50, 58, 63
Carte chronologique de l'évolution 13-14
Castor 9, 20-21, 29, 50
Cerf 10, 26, 62-63; aboyeur *voir* Mutjac
Chacal 43, 51
Chameau 10, 58
Chat 9, 59, 60; allaitement 36-37; croissance 38-39; jeux 42-43; naissance 34-35; toilettage 46-47
Chauve-souris 9, 14, 16, 18-19, 58; traces 63
Cheval 10, 28, 37, 46, 50, 58; évolution 13, 14; toilettage 46
Chèvre 10
Chevrotain 10
Chien 9, 16, 36; jeux 42-43; de prairie 56
Chimpanzé 6, 40-41, 49
Chinchilla 9, 45
Chlamydophore 27
Civette 9
Classification des espèces 8-11
Colobe satan 21
Communication 28-29, 40-41, 44
Comportement de groupe 43, 44; *voir* Défense, soins parentaux, jeux, toilettage
Couscous 8
Crâne 8-15, 16, 26, 50-51, 53, 62-63
Cynodontes 12

D

Daim 28
Daman 10, 58
Dauphin 10, 12, 42, 51
Défense 21, 24-27, 28-29
Dendrogale 11
Dents 12-14, 26, 50-51, 53; nutrition 48-49; toilettage 44
Desman 8
Dingo 43
Dinosaures 12
Doigts 13, 58-59
Dugong 11

E

Édentés 8
Échidné 8, 25, 31, 51
Écho-location 19
Écureuil 9, 52, 54-55, 62; arboricole *voir* Dendrogale
Écureuil terrestre 56
Écureuil volant 29
Éléphant 11, 28, 45, 59, 61
Empreintes de pas 60-61
Éocène (période) 12, 14

F

Fanons 10, 51
Fossiles 12-5, 50
Fourmilier 8, 51
Fourrure 6, 20-21, 28-29, 63
Fourrure : camouflage 22; toilettage 44-47

G

Galago 8, 17
Galéopithèques 9, 19
Gazelle 10, 26, 58
Girafe 10, 14, 48
Glandes mammaires 6, 36-37
Gymnur 8

H

Hamster 9, 44, 52-53
Herbivore 14; dents 50, 63
Hérisson 8, 24-25, 51, 61
Hermine 9, 29
Hipparion 13
Hippopotame 10, 26
Homéothermes 7
Humains : évolution 14; glandes mammaires 36-37; jeux 41, 42; soins parentaux 37, 38; 6, 8, 21, 23, 58; toilettage 46-47; traces 62
Hyène 9

I-J-K

Insectivores 8, 56
Jeu 28, 38-39, 40-43
Jurassique 12
Kangourou 8, 9, 58
Kangourou : reproduction 30-31
Koala 8

L

Lagomorphes 9
Lama 10
Lamantin 10, 11, 37
Langue 16, 19, 44-47, 48, 51
Lapin 60, 62-63; de garenne 9
Lémurien 8
Lièvre 9; de Patagonie ou Mara 56
Lion 16, 28, 48
Loir 9, 53
Loris 8
Loup 9, 43
Loutre 9, 49
Lynx 21

M

Mâchoires 12-14, 50-51, 63
Maki catta 29
Mammifères ongulés à doigts impairs (Périssodactyles) 10; ongulés à doigts pairs (Artiodactyles) 10; ovipares 8, 24, 31; placentaires 14, 32-35
Mammouth 13
Mangouste d'Egypte 9
Mara 56
Marsouin 10

Marsupiaux 8-9, 13, 14, 19, 29; reproduction 30-31
Mastodontes 13
Mérione 9, 54, 56
Miocène (période) 13, 14
Monotrème 31
Morse 9
Moustaches 16, 20, 25
Mouton 10, 20, 63; caracul 21
Muntjac 26
Musaraigne 8, 11, 48

N

Naissance 34-35
Narval 50-51
Nutrition 16-17, 48-49

O

Odorat 16, 18, 24
Ongulés 10, 13, 14, 35, 58-59
Opossum 20, 27, 29, 31
Orang-outang 40
Ornithorynque 8, 16, 40, 52; reproduction 31; terrier 56
Oryctérope 51
Os 8-15, 16, 26, 28, 50-51, 58-59, 62-63
Otarie 9
Ouïe 16
Ouistiti 8
Ours 9, 50; des cavernes 15; malais 49; polaire 56

P

Paca 9, 53
Paléocène (période) 12, 14
Panda 9, 50
Pangolin 8, 27
Panthère 53
Paresseux 8, 22
Pécari 10
Périssodactyles *voir* Mammifères ongulés à doigts impairs
Phalanger 8, 9, 20, 29; volant 19
Phoque 10, 20, 59, 63; crabier 51
Pinnipèdes 9
Pléistocène (période) 13-15
Pliocène (période) 13, 14
Poils 6, 20-21, 27, 28, 44-47
Poney Shetland 58
Porc 10, 16
Porc-épic 9, 27
Potto 8
Primates 8, 14, 17, 36, 58

Q-R

Queue 28-29, 31
Rat 9, 44-45, 54, 56; ; arboricole 29; traces 61, 62
Rat-taupe 9, 56
Raton laveur 9
Renard 9, 24, 29, 42, 52, 53; arctique 20; bleu 20; polaire 23; traces 61, 63
Reproduction 30-35
Rhinocéros 10, 14, 27, 45
Rongeurs 9, 22, 44, 54, 58, 62-63; dents 50; soins parentaux 32-33; terrier 55-57
Roussette (chauve-souris) 9, 19

S

Sarigue 8
Sens 16-17
Singe 8, 14
Singe-araignée *voir* Atèle
Siréniens 11
Skunks 9, 21
Soins parentaux 30-37
Solenodon 8
Souris 49, 58; à miel 9; domestique 9, 53, 62; épineuse 22; épineuse d'Arabie 22; nid 32, 54; reproduction 32-33; traces 61;
Souslik 56
Spermophile 9

T

Tamandua 8, 51
Tamarin 8
Tamias 9, 48, 56
Tapir 10, 58
Tapir malais 23
Tarsier 8
Tatou 8, 27, 29
Taupe 8, 16, 56-57
Taupe dorée 8
Taxinomie 8-11
Température corporelle 6, 48
Tenrec 8
Tigre de Tasmanie *voir* Thylacine 31
Toilettage 44-47
Toucher 16
Traces 62-63
Triasique (période) 12-13
Triconodonte 12
Tupaye 11, 38

V-W-Y-Z

Vibrisses *voir* Moustaches
Viscache 56
Vue 16-17, 24
Wallaby 8, 30-31
Wombat 8
Yeux 16, 17, 31
Zèbre 10, 36, 58

NOTE

L'auteur et Dorling Kindersley tiennent à remercier : Jane Burton et Kim Taylor pour toutes leurs idées et leur enthousiasme; Dave King et Jonathan Buckley pour les photos supplémentaires d'animaux; Daphne Hills, Alan Gentry et Kim Bryan du National History Museum, Londres pour le prêt de spécimens; Colin Keates pour les photographies des collections; Will Long et Richard Davies de Oxford Scientific Films pour la photo de la coupe de taupinière; Jo Spector et Jack,
Intellectual Animals, Molly Badham, Nick et Diane Mawby pour leur prêt d'animaux; Elisabeth Eyres, Victoria Sorzano, Anna Walsh, Angela Murphy, Meryl Silbert et Bruce Coleman Ltd.; Radius Graphics pour le travail artistique.
Ont collaboré à cet ouvrage : François Cazenave, Pascale Froment, Catherine Leplat et Marc Simon.

ICONOGRAPHIE

h = haut, b = bas, m = milieu,
d = droite, g = gauche

Archive fur Kunst und Geshichte, Berlin : 12b; 15b
Peter Atkinson/Seaphot : 59b
Jen and Des Bartlett/Bruce Coleman : 29b
G I Bernard : 37bg; 60m
Liz et Tony Bomford/Survival Anglia : 33h
Danny Bryantowich : 23bg
Jane Burton : 27m
Jane Burton/Bruce Coleman Ltd : 17b; 18b; 21md; 27h; 34b; 36b; 46h; 53m
John Cancalosi/Bruce Coleman Ltd : 27m
Peter Davey/Bruce Coleman Ltd : 49bm
Jeff Foott/Bruce Coleman Ltd : 39h
Franck Greenaway : 63m
David T. Grewcock/Franck Lane Picture Agency : 53hm
Zig Leszczynski/Oxford Scientific Films : 48M
Will Long et Richard Davies/Oxford Scientific Films Ltd : 57
Mansell Collection : 19h
Mary Evans Picture Library : 8hg; 16bm; 20m; 26m; 28m; 29m; 31m; 37bg; 46b; 49bd; 58m
Richard Matthews/Seaphot : 27h
Military Archive & Research Service, Lincs. : 22b
Stan Osolinsky/Oxford Scientific Films Ltd : 44h
Richard Packwood/Oxford Scientific Films Ltd : 16bd
J. E. Palins/ Oxford Scientific Films Ltd : 16bg
Dieter and Mary Plage/Bruce Coleman Ltd : 61d
Masood Qureshi/Bruce Coleman Ltd : 45b
Hans Reinhard : 26m
Jonathan Scott/Planet Earth : 53mh
Kim Taylor/Bruce Coleman Ltd : 32b

ILLUSTRATIONS

John Woodcock : 8; 9; 10; 11; 13; 14; 19; 20; 27; 58; 59